若手行職員必携

保険窓販の
ベーシックテキスト

トークで学ぶニーズ別セールスアプローチ

中内将圭・著

地銀保険担当（営推販売指導）

近代セールス社

はじめに

　保険商品は2001年4月の第一次解禁以降、銀行等の窓口で販売できるようになりましたが、その段階では団体信用生命保険、火災保険、海外旅行保険にとどまっていました。その後、2002年10月の第二次解禁で変額個人年金保険、定額個人年金保険といった生命保険らしい商品の取扱いが始まりますが、現在の主力商品である終身保険は2005年12月、最後に取扱いが始まった、がん保険、医療保険等の平準払い保険が2007年12月からですから、まだ全面解禁から10年が経過した段階です。

　銀行での保険販売の歴史は浅いためか、当初は急いで保険を販売する担当者が多かったように思います。しかし、2016年5月に改正保険業法が施行され、保険募集の際にお客様の意向を把握し、比較説明・推奨販売をしなければならなくなりました。この改正により、担当者の募集プロセスに大きな負荷が課せられましたが、筆者はこれでよかったと思っています。結果的に担当者のセールススキルの向上につながったからです。

　過去には〝一発取り〟と言って、お客様を訪問した当日に銀行の都合で商品を契約するような担当者もいました。そこにはお客様の意思はまったくありません。保険をお願いで一方的に販売することは、一時的には結果が出るかもしれませんが、お客様との関係は長続きしません。そのことを理解していない担当者が多かったことは非常に残念に思っていました。

　保険は保険であるがゆえ、できることがたくさんあります。また、保険で助けられたお客様もたくさんいますし、お客様に感謝された担当者も多くいます。それが保険の本来の姿なのです。担当者には成績のためだけでなく、本来の保険の性質をよく理解しお客様に喜ばれる提案をしていただきたいと思います。

筆者が駆け出しの頃、保険販売の資格を取得後一定の講習を受講して、すぐにお客様に保険を販売していました。その頃は、何が何だか分からず、また誰にどう質問をすればよいかも分からず大変苦労しました。その後、保険商品の内容が理解できてくると、先輩や保険担当者、また保険会社のホールセラーの方々に様々な質問を投げかけ、困らせたことも多々ありました。

　こんな状況ですから販売に自信が持てるには程遠く、お客様に適切な説明ができず日々悩んでいました。このままではダメだと思い、銀行員向けの保険販売の知識を学ぼうと書店に駆け込み参考書を探しても、1冊ですべての知識を網羅できる本はなく、仕方なく外国為替、相続、保険、販売セールス話法に関連する書籍を個別に購入して勉強しました。そのため、なぜ保険窓販業務が網羅されている参考書的な本がないのだろうかと常々思っていました。

　現在、筆者は保険の販売をしていませんが（保険販売の営業推進を担当）、保険販売の担当者のお役に立ちたいという思いで本書を執筆しました。ぜひ、本書を日々の業務推進にご活用いただければ幸いです。

　2017年12月

中内　将圭

目　　次

目　次

序　章●顧客ニーズと銀行等の保険窓販

1．高齢社会の進展とお客様の保険ニーズ・12

2．ワンストップチャネルでお客様の悩みを解決・13

3．お客様の銀行窓販へのイメージ・14

第1章●保険の募集フローと窓販の基礎知識

1．生命保険提案の基礎・18

（1）全体編・18

（2）事前準備編・19

2．具体的な生命保険の募集フロー・21

（1）お客様の情報収集・21

（2）ニーズキャッチ・22

（3）意向の把握・24

（4）個別プランの相談・26

（5）商品の説明・27

（6）契約の締結・29

3．窓販に関する規制の理解・30

（1）適合性の原則・30

（2）保険募集制限先規制・31

（3）融資先販売規制・31

（4）タイミング規制・31

（5）融資担当者分離規制・32

（6）非公開情報保護措置・33

4．生命保険料控除についての理解・34

（1）生命保険料控除の種類・34

（2）平成22年度税制改正・35

5．声かけのタイミングとトーク例・39

第2章●相続ニーズへのアプローチ＆トーク例

1．生命保険を活用する意義・46

（1）財産評価を引き下げる・46

（2）遺産分割対策として利用する・46

（3）納税資金として利用する・47

2．相続税の基礎を理解する・47

（1）相続税とは何か・47

（2）相続税の申告と具体的手順・48

（3）生命保険の活用と課税関係・49

（4）生命保険金等の非課税・52

3．相続時精算課税制度とは・56

（1）相続時精算課税制度の特徴・56

（2）贈与税および相続税の計算例・57

（3）相続時精算課税のメリット・デメリット・58

4．生命保険の相続対策への活用・59

（1）納税資金の準備・59

（2）相続財産の圧縮・61

5．相続ニーズへの対応とトーク例・62

第3章●運用ニーズへのアプローチ＆トーク例

1．資産運用の基本的な考え方・66

（1）マイナス金利導入の影響・66

（2）外国通貨で運用する商品・66

（3）為替リスクの検討も必要・67

2．積立利率と保険料・68

　（1）積立利率とは何か・68

　（2）積立利率の実際・68

　（3）保険料の種類と積立利率・69

3．予定利率等の説明方法・71

　（1）予定利率にまつわる用語・71

　（2）予定利率＝契約者に約束する運用利回り・72

　（3）予定利率が高い＝返戻率が高い・74

　（4）予定利率が高い＝保険料が安い・74

　（5）市場価格調整・75

　（6）解約控除の水準に関する説明・77

4．予定利率等のトーク例・79

　（1）予定（積立）利率についてのトーク例①・79

　（2）予定（積立）利率についてのトーク例②・80

　（3）市場価格調整のトーク例・81

　（4）解約控除の水準についてのトーク例・83

5．為替手数料等の説明方法・84

　（1）為替手数料と外貨建て一時払終身保険・84

　（2）為替の仕組み・87

　（3）為替リスクの説明方法・90

　（4）為替リスクの軽減方法・92

　（5）為替の見通しについての説明方法・96

6．為替手数料等のトーク例・98

　（1）為替手数料についてのトーク例・98

　（2）為替の仕組みについてのトーク例・99

　（3）為替リスクについてのトーク例・100

7．運用通貨別・為替水準の説明方法・102

（1）米ドルの為替水準・102

（2）豪ドルの為替水準・103

（3）米ドル・豪ドルについてのトーク例・105

（4）為替リスクの軽減方法についてのトーク例・106

（5）為替の見通しについてのトーク例・107

（6）相続対策としての外貨建て保険セールスのトーク例・109

第4章●年金ニーズへのアプローチ＆トーク例

1．個人年金保険の特徴・116

（1）個人年金保険とは・116

（2）個人年金保険の仕組み・116

（3）個人年金保険提案の基本・116

2．個人年金保険の種類・117

（1）円建て定額個人年金保険・118

（2）外貨建て定額個人年金保険・119

（3）変額個人年金保険年金原資保証なし・120

（4）変額個人年金保険年金原資保証あり・121

3．個人年金保険税制適格特約・122

4．個人年金保険料控除・124

5．個人年金保険セールスのトーク例・126

（1）生命保険料控除からのアプローチトーク・126

（2）退職金の運用からのアプローチトーク・128

第5章●保障ニーズへのアプローチ＆トーク例

1．収入保障保険の特徴・132

（1）収入保障保険とは・132

（2）収入保障保険の魅力・132

２．収入保障保険の仕組み・133

　（１）収入保障保険のスキーム・133

　（２）収入保障保険のメリット・デメリット・134

３．収入保障保険セールスのトーク例・137

第６章●今売る保険のアプローチ＆トーク例

１．終身保険・140

　（１）終身保険の特徴・140

　（２）終身保険の種類・140

２．医療保険・145

　（１）医療費と公的医療保険・145

　（２）医療保険の内容・146

　（３）医療保険の特約・148

　（４）定期型と終身型・149

３．給与サポート保険・151

　（１）給与サポート保険の特徴・151

　（２）給与サポート保険の内容・151

　（３）給与サポート保険の留意点・153

４．がん保険・153

　（１）がん保険の特徴・153

　（２）がん保険と医療保険の違い・157

５．介護費用保険・159

６．終身保険・医療保険・がん保険セールスのトーク例・160

　（１）外貨建て終身保険のアプローチトーク・160

　（２）医療保険のアプローチトーク・163

　（３）がん保険のアプローチトーク・165

目　次

第7章●求められるアフターフォローへの対応

1．なぜアフターフォローが必要なのか・168

　（1）アフターフォローの重要性・168

　（2）リピート加入につながる・170

　（3）営業の差別化につながる・171

　（4）アフターフォローの具体例・172

2．アフターフォローの方法・172

　（1）アフターフォローと顧客心理・172

　（2）契約成立後のコンタクトの取り方・173

　（3）外貨建て保険に加入してもらったお客様・174

　（4）クレームを防ぐ契約内容の確認方法・175

　（5）クレーム受付時の対応と留意点・176

　（6）乗り換え勧誘時の留意点・177

3．アフターフォローのトーク例・178

　（1）アフターフォローの導入トーク・178

　（2）実際のアフターフォローのトーク・179

巻末資料●

1．フィデューシャリー・デューティーを理解する・182

　（1）フィデューシャリー・デューティーとは何か・182

　（2）金融機関に求められる「受託者責任」・183

2．保険に関する用語集・191

序　章

顧客ニーズと
銀行等の保険窓販

1. 高齢社会の進展とお客様の保険ニーズ

　私たち金融機関の担当者は、個人のお客様であれば、定期預金、住宅ローン、投資信託、年金、保険、遺言信託など様々な商品を取り扱っています。ではなぜ、保険を販売するのでしょうか。それは「保険にしかできないこと」があるからです。

　お客様のニーズを充たすための金融商品が日々開発されています。また、2016年2月からのマイナス金利の影響による定期預金離れも一因かもしれません。言い方を変えると、お客様は運用問題も含めて実に様々な問題を抱えています。平成28年の簡易生命表によると、日本人の平均寿命は男性が80.98歳、女性が87.14歳です。老後が長くなることによる「長生きリスク」という問題もあるのです。

　一方で、厚生年金の受給額はサラリーマン夫婦2人の標準世帯で月22万1,504円となっており、これは毎月の生活費から5万円程度不足する水準です。つまり、現役時代と同じように暮らしていくには、貯めた金融資産や退職金から毎月5万円を取り崩すことになります。そのため「お金に先立たれることはないか…」と多くのシルバー層は不安を抱えているのです。

　ですから、公的年金に頼らず、自分で年金を確保しなければと考えるのは自然の摂理です。それを補完する商品が「個人年金保険」なのです。マイナス金利政策による長期金利の低下により、長期国債による運用が困難になったことで販売が中止されている保険商品が多いものの、「自ら保険料を支払い65歳などの年齢から受け取る」という商品性は、自分年金と呼ぶにふさわしいものです。これは、投資信託や預金にはできないことです。つまり、保険でしか充足できないお客様のニーズがあるからこそ、銀行等の金融機関は保険をセールスするのです。

2．ワンストップチャネルでお客様の悩みを解決

　かつて、保険は保険会社や保険代理店等でないと加入することができませんでした。しかし、2001年4月「金融ビッグバン」により銀行と証券会社、保険会社の垣根が低くなり、住宅関連の団体信用生命保険の窓口販売が解禁されたのを皮切りに、2002年10月には個人年金保険、財形保険、2005年12月には一時払終身保険、一時払養老保険、平準払養老保険等の貯蓄性の生命保険を、2007年12月からは定期保険、平準払終身保険、医療保険、介護保険が取り扱えるようになりました。

　つまり、お客様は保険会社に行かなくても、銀行等の金融機関の店頭でこれらの商品を買えるようになったのです。銀行等は保険会社に比べて店舗数が多く、お客様にとって身近な金融機関です。普通預金には毎月給与が振り込まれ、子供の学費、光熱費、税金、住宅ローンなどが引き落とされます。取扱商品も定期預金、積立貯蓄、個人向け国債、外貨預金、投資信託、各種ローン相続関連など様々です。

　そして、お客様は銀行等の金融機関には自分のことを知ってくれているという信頼感があるので、「いつもの銀行の、いつものテラーに相談したい」という気持ちになります。ですから、私たちには銀行等に行けばあらゆる金融商品があり親身になって相談に乗ってくれる、というお客様の期待に応える責任があります。

　銀行は「ワンストップチャネル」を目指しています。保険は保険会社、投資信託は証券会社ではなく、銀行に行けば「保険に加入できるし、投資信託も購入できる」のです。あらゆる商品が揃っているということは、お客様の悩みや不安、問題点を解決する手段がたくさんあるということなのです。

　銀行等の金融機関が保険をセールスするのは、お客様の悩みや不安、

問題点を解決するために保険商品を提案したいからです。きれいごとに
聞こえるかもしれませんが、お客様を幸せにする手段として保険商品が
必要なのです。保険を活用しお金に働いてもらうことで、お客様の人生
は豊かなものになります。私たち販売担当者は、保険をセールスするこ
とでそのお手伝いをしているのです。

3．お客様の銀行窓販へのイメージ

　それでは、少し古いデータですが、2013年の一般社団法人全国銀行協
会のアンケート結果を紹介します。

　①銀行窓販で保険に加入できることの認知度は50％弱
　②銀行窓販を詳しく知っている人ほど、利便性を感じる割合が高い
　　（60％強）
　③銀行での保険窓販のメリットやポジティブなイメージとして
　・店舗が近くにあり、便利（29％）
　・複数の保険会社の商品から選ぶことができる（29％）
　・銀行での他の用事のついでに相談できて便利（27％）
　・１ヵ所で、保険以外の商品（定期預金・投資信託など）とも比較し
　　ながら検討できる（22％）
　・金融全般に関する知識がある（30％）

　これらの項目は、その他の保険加入チャネルと競合しない、銀行窓販
独自のものであり、前回の調査に引続き、銀行窓販は今後の保険加入
チャネルの選択において、保険会社などと補完関係になる可能性がある
ことを示しています。今後の保険加入チャネルとして利用意向では、銀
行窓販は遜色ない結果が出ているのです。

14

序　章●顧客ニーズと銀行等の保険窓販

　これらの結果を見て分かる通り、私たち金融機関の担当者は、常にお客様と接する機会をもっているため、お客様が困っている事態にも多く遭遇します。そして、私たちがこれらの事態に対応できるのも、仕事のやりがいではないでしょうか。ぜひ、お客様に喜んでもらえるように取り組んでいきましょう。

第1章

保険の募集フローと
窓販の基礎知識

１．生命保険提案の基礎

　生命保険の商品内容をお客様に説明するだけでは、お客様とのコミュニケーションがうまく取れず、商品の販売には結びつきません。では、どういうことを事前に把握し、どういうことを話せば、お客様との関係を構築できるのでしょうか？

　そこで次にポイントをまとめますので、見てください。

（１）全体編

①まずは長年の取引をしていただけることに感謝する

②自分は未熟ながら必死に勉強をしていることを、言葉ではなく会話の中で伝える努力をする（世界経済、国内経済、スポーツ、芸能界等）

③自分自身を知ってもらう

・出身地、両親・祖父母の出身地、出身大学等

・特技、趣味、好きな食べもの、学生時代に取り組んだこと等

・名前の由来、家族構成、家族のエピソード等（重い内容だとお客様は引くので注意が必要）

④お客様タイプ別会話術

・口数の少ないタイプ

お客様の関心ごとや趣味に関する質問をして、会話のハードルを下げます。

・おしゃべりタイプ

聞き上手になります。このようなお客様との会話は長くなりがちなので、話を進めながら少しずつ会話を本題に戻します。高齢のお客様なら、戦時中の生活や東京オリンピック等の高度経済成長時代の生活など

第1章●保険の募集フローと窓販の基礎知識

を聞いてみるとよいでしょう。

（2）事前準備編

①個人の取引履歴を確認する

・取引開始日（何年の取引があるか。昭和○○年○○月から）

・取引のきっかけは（なぜ当金融機関を選んだのか）

・年金取引の有無。遺族年金があればメイン取引の可能性は強い

・公共料金、貸金庫はどの金融機関か

・金融商品の有無（他行も含めて、定期預金・外貨預金・公共債・投資信託等）

・お客様の金融商品比率（金融商品／預金量×100：この比率が5％を超えるようなら、投資性の意識・意欲が強いお客様かもしれない）

②流動性預金の状況を確認する

・入金されている年金は使われているか

・年金以外の収入（振込）はあるか（家賃収入、株式配当、投資信託の分配金等）

・定期的な支払いがあるか

保険（個人年金保険、医療保険、がん保険）、生前贈与の支払い、納税資金（固定資産税、所得税）等

1年前から現在の残高が同額か増額していれば、提案のチャンスかもしれない。

③投資性商品のパフォーマンスを確認する

・投資信託の現在の状況の確認

・外貨預金の現在の状況の確認（通貨は、米ドル、豪ドル、ユーロ）

・為替レートは長期的、短期的な運用なのか

・保険の加入状況

19

・円建て保険、外貨建て保険か（外貨建て保険であれば、米ドル建て
　か豪ドル建てか、加入時の為替レートは）
・現在の解約返戻金は（外貨建て保険であれば、円と外貨で確認す
　る）
・加入時のお客様のニーズは（遺したいのか、使いたいのか）
④相続ニーズもしくは納税準備が必要なお客様なのかを確認する
・金融資産の額は（他行との取引状況は）
・不動産の所有状況は（物件所在地、坪数、また家賃収入は）
・2015年に改正された相続税（基礎控除額の引下げ）についての認識
　はあるか（1,000万円×法定相続人の数＋5,000万円　→　600万円×
　法定相続人の数＋3,000万円）
・生前贈与に興味があるか（すでに生前贈与を行っているか）
・相続税のシミュレーションに興味があるか
⑤お客様との話題
・取引を開始された経緯
・自宅（庭、車、家の特徴（洋風、和風））
・玄関の置物（趣味がある程度把握できる）
・カレンダー（取引している金融機関等が把握できる）
・ペット（犬、猫、鳥など）
・書籍（自己啓発、歴史、経済、小説など、どの分野の本が多いか）
・テレビ（ＮＨＫ、スポーツ番組、経済番組、娯楽番組）
・趣味（歌舞伎、落語、釣り、車、スポーツ、旅行）

　このようにお客様と会話をするうえで、多くの情報がお客様との壁を
取り払うことになります。したがって、日々様々なことに留意し学ぶこ
とが、お客様との関係を構築する近道となります。

第1章●保険の募集フローと窓販の基礎知識

２．具体的な生命保険の募集フロー

（１）お客様の情報収集

　お客様のニーズに合った保険商品を提案するためには、お客様のことを良く知る必要があります。ですから、「家族状況や資産状況」「働いているのか、退職しているのか」「退職しているなら、現役時代はどんなお仕事をしていたのか」「今後どんな生活を送りたいと思っているのか」「現在、悩みごとや心配ごとはないか、あるならどんなことか」「現在、関心のあること興味のあることは何か」「投資に対する考え方は積極的か保守的か」など、様々な情報を収集します。と同時に、適合性についても確認する必要があります。

　以上をまとめると、「このお客様に保険をセールスしてもいいか」という入口の確認と「このお客様にはどんな保険商品が適しているのか」というニーズキャッチ、意向把握につながる導入の確認をここで行うわけです。

　その方法として、「会話すること」と「顧客カードに記入してもらうこと」の２つがあります。会話は、天気など誰にでも通じる話題から始めて、お年寄りなら健康の話、現役世代であれば仕事の話などにつなげ、お年寄りならお孫さん、現役世代ならお子さんのことなどを聞き、お金の話題に近づけていきます。

　顧客カードには、お客様の生年月日、職業、金融資産、収入等の財産状況、投資経験などについて記載してもらいます。金融商品の知識はあるか、商品を説明した際に理解してもらえるかを確かめるために「新聞は読みますか？」とか「テレビのニュースは、どのくらいの頻度で見ますか？」などの質問項目が用意されるケースもあります。

　また、銀行等が預金等の取引を通じて知り得たお客様の非公開金融情

21

報を保険募集に利用するには、あらかじめ「同意書」を取り受ける必要
があります。

（2）ニーズキャッチ

　前項では、お客様の情報を「会話」と「顧客カード」で収集すると解
説しました。会話は天気などの日常会話から、生命保険の仕組みなどを
説明し、徐々にお金の話題に近づけていきます。これはお金の話題に近
づける意図を持って会話するため、〝戦略的雑談〟と言われています。
　お年寄りのお客様なら、たとえば次のようにです。

担当者：「今日は良いお天気ですね」
お客様：「そうだね。ここまで10分くらい歩くので、天気が良いと助か
　　　　るよ」
担当者：「いつもご来店いただきまして、ありがとうございます。往復
　　　　で20分間だと良い運動ですね。でも、○○様は本当にお元気で
　　　　いらっしゃいますね」
お客様：「あちこち悪いところばかりだよ。歳には勝てないね…。で
　　　　も、孫を連れて公園に行くのが日課だから、病気はしていられ
　　　　ないんだけどね…」
担当者：「お孫さん、可愛いですものね。ゆくゆくは、お孫さんに資産
　　　　を遺してあげるおつもりですか？」
お客様：「そろそろ、相続のことも考えないといけないと思っているよ」

　など、会話のキャッチボールが考えられます。
　この例では、お天気の話から健康の話、お孫さんの話、そして相続の
話へと展開しています。お客様は、「そろそろ相続のことも考えなけれ
ばいけない」と言っているので「保険は、お金に宛名をつけることがで

第1章●保険の募集フローと窓販の基礎知識

きるのですが、お聞きになったことがありますか?」などと尋ね「いや、聞いたことがないな。どういうこと?」と言われたら説明をすればよいのです。「聞いたことはあるよ。他行さんからだけどね」と言われたら「お聞きになられて、どうお感じになりましたか?」と尋ねれば、話の深堀りができます。

　また、現役世代であれば次のように進めます。

担当者：「良いお天気ですね」

お客様：「そうだね〜」

担当者：「お仕事はお忙しいですか?　お帰りは何時頃ですか?」

お客様：「毎日、家に着くのは8時頃かな。それでも前よりは、かなり早くなったよ」

担当者：「確か、お子さんが生まれたばかりでしたね」

お客様：「よく覚えているね。お風呂に入れるのが僕の役目なので、女房も僕の帰りを待っているんですよ」

担当者：「うらやましいです。それでは、お子さんのために頑張らないといけませんね。将来は、大学まで行かせたいとお考えですか?」

お客様：「そうだね。自分もあまり家が豊かではないのに、東京の大学まで行かせてもらったので、子供にもそうさせてあげたいよ」

担当者：「それでは、教育資金も必要ですよね。大学に行くのに、いくらくらいかかるかご存知ですか?」

お客様：「前に新聞で読んだ記憶があるけど、いくらくらいだったかな…」

　などと、教育資金の話題につなげていきます。

　また、顧客カードに記載された情報を基に「株式投資されているのですね」とか「若いのに、しっかりと金融資産を用意されてご立派です」

23

といった話題の振り方も効果があります。前者は「それでは、外貨建ての資産を持つことにも興味がおありではないですか？」後者は「これらの資産を、もう少し高い利回りで運用したいというお気持ちがあるのではないですか？」などのトークで、お客様のニーズを探っていきます。

　銀行等の店頭で、「外貨建ての保険を買いに来ました」というお客様は、めったにいません。しかし、お客様の声に耳を傾けると「このお客様の人生は、保険によって豊かになるのでは…」という思いが湧いてくることがあります。

　それが潜在的なニーズです。それをお客様と一緒に掘り起こし、一緒に認識することがニーズのキャッチなのです。

（3）意向の把握

　改正保険業法により「保険を募集する際にお客様の意向を把握し、その意向に沿った商品を提案すること」「提案した商品がお客様の意向にどのように対応しているかを説明すること」「最終的なお客様の意向と申込みを行おうとする保険契約の内容が合致していることを確認してもらう機会を提供すること」が義務化されました。

　それまでは、虚偽説明や重要事項の不告知などが、保険募集における禁止行為とされていましたが、改正後は積極的な顧客対応を求める募集規制として「意向把握義務」と「情報提供義務」の2項目が新たに定められました。

　意向把握義務としては、顧客ニーズを把握し、そのニーズに合った個別プランを作成・提案すること、お客様のニーズと提案プランの最終的な確認をすることなどが挙げられます。つまり、意向把握は最初に聞くだけでなく、個別プランを提案する際にも、特定の商品を選別して提案する際にも、お客様が最終的な意向を確定された際にも、保険契約の申込みを行う際にも問われるということです。

第1章●保険の募集フローと窓販の基礎知識

　一方、情報提供義務としては「保険金の支払条件、保険期間、保険金額、その他のお客様に参考となるべき情報を提供すること」「複数保険会社の商品の比較推奨販売を行う際には、取扱商品のうち比較可能な商品の一覧を明示すること」「提案する商品を選別して推奨する場合には、その理由を説明すること」などが求められています。

　前述の（1）、（2）で保険セールスのフローとして、お客様の情報を収集し、ニーズを把握するところまで解説しましたが、次の段階は当初の意向を把握することです。これは、意向把握書面（アンケート）等により行います。

　金融機関によって書式は異なりますが、金融庁の監督指針の例示に従い、次の①〜③を聞くことになっています。

　①どのような分野の保障を望んでいるか（死亡保険や入院保険、個人
　　年金保険等）
　②保険商品に貯蓄部分を求めているか
　③保険期間、保険料、保険金額に関する希望やその他の優先する事項
　　はあるか

　①としては、「遺す・備える」「受け取る・使う」という目的別の選択肢があり、前者には死亡保障、医療、傷害保障の保険、後者には貯蓄性の保険など保険の種類、主な使途の選択肢があります。たとえば死亡保障について見ると、お客様が求めているのは一生涯続く保障なのか、働き盛りの10年間といった一定期間の保障なのか、などが質問事項としてあがっています。

　②については、「求めている」「求めていない」という選択肢があり、求めるなら保険料が高くなることが明示されます。

　③については、優先すべき事項や希望がある場合には、記入していた

25

だくスペースが設けられています。

　また、当初意向の他に最終意向のチェック欄もあります。当初は「生活資金を用意したい」という貯蓄性を求めていたものが「残された家族に資産を遺すことを重視したい」と考えるようになったとすれば、当初の意向と最終の意向は異なりますが、「一度申告したから、変えられたら困る」というわけではなく、その点についてお客様が納得していることの確認が求められます。

　お客様の中には、意向が固まっていない方もいますので、ヒアリングにより一緒に考える姿勢も必要です。これらの①～③を基に個別プランの作成・提案を行います。

（4）個別プランの相談

　たとえば、定年退職をした66歳のお客様の例で説明します。家族は奥様と社会人のお子さんが2人います。家は持ち家で、住宅ローンは完済しています。65歳までは継続雇用制度を使って仕事をしていましたが、65歳に完全にリタイアしました。収入は公的年金が毎月22万円、企業年金が月3万円あり、現時点では生活費が賄えています。金融資産は預金が3,000万円あります。

　このお客様が、1,000万円の定期預金の書替えに来店し、「金利が0.01％ということは、1,000万円で利息はたった1,000円。税引後は800円だね…」とつぶやきました。それを聞いたテラーが「確かに金利は低いですよね。○○様は5％とか6％の頃もご存知ですね。最近では、預金にしておくことがリスクだと言うお客様もいらっしゃいます」と話すと「それはどういうことですか？」と興味を持った様子です。

　そこで、テラーは「もし将来インフレになったら、お金の価値は目減りしてしまいます。たとえば、2％の物価上昇が起きたとしたら、1,000万円のお金を金利のつかない預金にしておくと、20万円減ったことと同

第1章●保険の募集フローと窓販の基礎知識

じになってしまいます。ですから、資産運用をしてインフレに備えることも、お考えになられた方がよいかもしれません」と答えました。

しかし、このお客様は「そんなに値上がりするものが欲しいわけではないので、投資信託は怖い」と言いました。一方で、保険なら死亡保険金に対し、法定相続人1人あたり500万円の非課税枠があることに魅力を感じ、興味を持った様子でした。意向把握書面には「遺す・備える」ニーズとして「一生涯の死亡保障」にチェックを入れ、「貯蓄部分の必要性」については「必要」と回答しました。

これをベースに、テラーはお客様のニーズに合致する個別プランとして、外貨建て一時払終身保険を提案しました。米ドルないし豪ドル建てタイプを紹介し、指定通貨建てでは、一時払保険料が確定している安心感と、長期で円安・指定通貨となったときのリターンを期待できることと、目標値を設定しておくことで、円建て終身保険に切り替えることもできること、それらがお客様の「今の定期預金金利には不満だが、高いリターンを得たいわけではない」「投資信託は怖いが、定期預金に置いておくこともリスクだと思う」「一生涯の死亡保障を得たいが、貯蓄部分も欲しい」という意向に沿うことなどを説明しました。

お客様からは「相続税の非課税枠を各自500万円使いたい」との相談があったので、死亡保険金の受取人を奥様と子供2人とする、500万円ずつの契約を提案しました。ここでのポイントは、お客様の意向に沿った個別プランを作成・提案していることと、この個別プランがお客様の意向に合致すると考える理由を説明していることです。

一般的にお客様のニーズを確認すると、このような流れとなります。

（5）商品の説明

商品の説明については、商品概要や重要事項説明書をベースに、お客様のレベルに合わせて分かりやすく行います。外貨建て終身保険であれ

27

ば、その商品性はもちろんお客様が負担する諸費用や、為替リスクにより「損をしてしまう可能性」があること、指定通貨建ての国債を中心に運用するため、その国の市場金利が上昇した場合には、債券価格が下落して損失が生じる可能性があることを、中途解約する場合には、解約返戻金が一時払保険料を下回る可能性があること、生命保険会社が破綻した場合には、保険金額・年金額・給付金額等が削減される可能性があること、この商品は預金ではないことなど、主にコストとリスクについて詳しく説明します。

　なお、現在では改正保険業法により取扱商品一覧を示し、その中から「(A) という商品と (B) という商品が、お客様のニーズに合致すると考えた」「その理由はこうである」といった説明が求められます。金融庁の監督指針においても、「客観的な基準・水準等に基づいて商品推奨を行うこと」「社内規則を定めて、比較推奨が適切に行われる措置を講じること」と明示されています。

　たとえば、終身保険には「解約返戻金抑制型」といって、保険料払込期間中の解約返戻金を低く抑える代わりに保険料を低くしたタイプと、そうでないタイプがあります。途中でお金が必要になる可能性があるお客様や、結婚したら夫婦で保険を見直したいと考えているお客様には通常のタイプがニーズに合致しますが、「終身保険だから中途解約は考えられない。資金が必要になっても定期預金で賄うので、保険は解約しない」というお客様には、解約返戻金抑制型がニーズに合致します。したがって、「2つのタイプがありますが、こういう理由で○○様には解約返戻金抑制型をおすすめします」などの説明をすることになります。

　なお、監督指針の「社内規則を定めて、比較推奨が適切に行われる措置を講じること」というのは、誰が説明しても同じ解釈で比較推奨を行うという意味です。たとえば、同じ銀行のテラーのAさんは、豪ドルに対して「先進国の資源国だから安全性は高い」と考え、Bさんは「過去

の値動きを見ると、変動幅が大きいので安全性は低い」と考えていたとしたら、お客様はどう思うのでしょうか。

　AさんとBさんそれぞれのセールストークにより、お客様の受けとめ方は百八十度違ってしまいます。ですから、主観的ではなく客観的に、商品ごと、引受保険会社ごとに推奨理由を定めておくことが求められているのです。

　担当者の中には、「推奨販売」というと、お客様のニーズよりも銀行の都合を優先して、特定の商品をパワーセールスするというイメージを抱く人が多いと思います。また、比較説明についても、他の金融機関が取り扱っている商品より自金融機関の方が良い商品のように説明する「やってはいけないセールス」というイメージを持ちます。

　しかし、ここで言っているのは、商品のラインナップを見せて、その中から「この商品とこの商品が、お客様のニーズに合っていると考えます」「その理由はこういうことです」「こちらの商品はこういう特徴があり、こちらの商品にはこういう特徴があります」といったことを指しています。

　複数の商品の中から1つの商品に絞るとしたら、それについても「私はこの商品がお客様のニーズに最も合致すると思います。その理由はこうです」と説明し、お客様に判断を仰ぎます。

（6）契約の締結

　商品説明も終わり、お客様も納得して申込手続きの段階となりました。しかし、その前にここでもう一度意向の確認をすることになります。これを当初意向に対して「最終意向」と言います。

　最終意向は、当初意向と同じでなければならないわけではなく、変わっても構いません。当初は老後の生活資金を確保し、お金に先立たれないことをメインに考えていたのが、話を聞いているうちに、自分に万

一のことがあった場合に、残された家族に資産を遺すことの方が重要に思えてきたというのであれば、意向把握書面のチェックする箇所は変わります。

　そして、私たちの推奨する商品も、個人年金保険から終身保険へと変わります。最終意向が「遺すニーズ」なのに、お客様が契約する商品が個人年金保険では、ニーズと契約する商品が合致していません。この場合、遺すニーズに変わったのなら、契約する商品は終身保険になります。

　お客様の最終意向が確定したら当初意向と比較し、異なっていたら対応箇所や相違点および経緯について説明します。つまり、「お客様は、最初は老後の資金を確保したいとのお考えでしたが、現在の金融資産の状況や公的年金で生活を賄えるため、資産を取り崩さないでもよいということですね。元気なうちに相続のことを考えたい、誰にいくら遺すといった、お金に宛名を付けることを第一に考えられるように変わられたんですよね」といった具合です。その結果として、意向に沿った商品も個人年金保険から終身保険に変わったというわけです。

　最終意向と契約する商品が合致していることを確認して、申込手続きとなります。申込書類は保険会社に送付するわけですが、その際、意向確認書も合わせて提出します。また、面談記録に契約締結時の様子を記載し、取扱報告書を作成して契約締結は完了となります。

　いかがでしたか。これらのルールの通り募集していますか。お客様が契約された商品はお客様の意向によるものですか。

3. 窓販に関する規制の理解

（1）適合性の原則
　適合性とは、2007年9月に全面施行された金融商品取引法（金商法）

で金融商品に関するお客様の知識・経験・資産の状況などから、その商品を提案するにふさわしい人か否かを判断することです。それらを確認し、契約を締結する目的等に照らして適当と認められる販売・勧誘を行うことで、適合性の原則を守ることができます。

（2）保険募集制限先規制

　銀行等が、生命保険募集人、損害保険代理店、少額短期保険募集人、保険仲立人として保険募集を行う場合の区分が規定されていますが、次のお客様に対しては、一定の保険を募集することが規制されます。

　　・事業に必要な資金の貸付けを行っている法人（代表者を含む）
　　・個人および常時使用する従業員の数が50人以下（特例地域金融機関
　　　である場合は20人以下）の小規模事業者が常時使用する役員・従業
　　　員

　なお、生命保険の場合は「銀行等生命保険募集制限先」、損害保険の場合は「銀行等損害保険募集制限先」、少額短期保険の場合は「銀行等少額短期保険募集制限先」、保険仲立人の場合は「銀行等保険仲立人保険募集制限先」で規定されています。

（3）融資先販売規制

　銀行等が損害保険代理店などである場合、当該銀行等が事業に必要な資金の融資を行っている法人（代表者を含む）および個人に対しては、一定の保険を募集することができないとする規制です。

（4）タイミング規制

　事業資金だけでなく住宅ローンも含む融資の申込者に対して申込期間中の保険募集の禁止をしています。これは金融機関の優越的地位の乱用を防止する目的が含まれています。

（5）融資担当者分離規制

　融資担当者分離規制は、第三次解禁商品（注1）および全面解禁商品に限定される規制です。銀行業務で事業性資金の融資に係る応接業務を行う者は、お客様に対し優越的地位にある場合が想定されるため、「圧力募集」を事前に排除することを目的としています。

　そのため、お客様からの第三次解禁商品および全面解禁商品の商品内容に関する照会に対する回答（募集を前提とした説明は適切ではありませんが、単なる照会に対する回答は可能）や、申込みの受領等の保険募集に関するすべての業務を一切行うことができません（ただし、苦情対応、事務ミス発生時のお客様対応等は可能）。

　事業性資金の融資に係る応接業務を行う者とは、フロントラインで常態として融資に係る応接業務を行う融資担当者や渉外担当者が該当します。他の業務をしていても実際に融資に係る業務を中心に行っている者は管理者であっても含まれます。

　ただし、次の場合は該当しません。

・単発融資が通常である個人ローン（住宅・教育ローン、アパートローン等）の担当者

・融資に係る業務を統括するだけの管理職や臨時的に対応する者（なお、支店長は原則「応接する業務を行う者」には該当しないが、本規制の趣旨を踏まえた適正な保険募集を行う必要がある）

　特例地域金融機関（注2）については、一定の条件下のもと、次のいずれかの選択肢をとることにより、事業性資金の融資担当者が第三次解禁商品および全面解禁商品の取扱いを行うことが可能になっています（融資担当者分離規制の緩和）。

・融資担当者等が自らの担当する融資先法人（自己担当融資先）やその役員・従業員に対して保険募集を行わないようにするための措置を講じる（これにより融資担当者等は、自己担当融資先以外の法人

第1章●保険の募集フローと窓販の基礎知識

の役員・従業員に対しては保険募集を行うことができる）。
・本店・本部や主要な営業所等に、融資担当者等の募集行為が適正
だったことを個別に確認するための担当者（法令適合性個別確認
者）を配置する（これにより融資担当者等は、自己担当融資先の法
人の役員・従業員に対しても保険募集を行うことができる）。

（注1） 保険窓販の経緯

第一次解禁（01年4月）	信用生命保険、火災保険、海外旅行保険など
第二次解禁（02年10月）	変額個人年金、定額個人年金
第三次解禁（05年12月）	一時払終身保険、養老保険、個人向け損保商品（自動車保険を除く）
全面解禁（07年12月）	平準払終身保険や定期保険などの死亡保障保険、医療保険やがん保険、自動車保険など

（注2） 特例地域金融機関とは、営業地域が特定の都道府県に限られているものとして金融庁長官が定める金融機関（地銀、第二地銀、信金、信組、労金、農漁協等）のうち、当該金融機関の融資先従業員等に対しては、第三次解禁商品および全面解禁商品（いずれも第一分野または第三分野の保険商品に限る）の募集に際して、法令で定められた保険金・給付金等の額を上限として保険募集を行う旨を保険募集指針に記載している金融機関をいう。

（6）非公開情報保護措置

　生命保険募集人などである銀行等の役員・担当者が非公開金融情報を保険募集に係る業務に利用する場合には、事前に顧客の同意を得なければ保険契約の締結の代理または媒介ができません。具体的には、事前に同意を得なければ商品説明をすることができず、さらに書面による同意がなければ、契約申込み・締結を行うことができないなどの事務手続きの措置を講ずることを義務づけています。
　この非公開金融情報とは、銀行の役員・従業員が職務上知り得た顧客の預金、為替取引または資金の借入れに関する情報その他の顧客の金融取引または資産に関する公表されていない情報を言います。

33

４．生命保険料控除についての理解

　生命保険料控除は所得控除の一種です。所得税額を計算する際に個人の事情を反映させるために、生命保険や社会保険などの費用を所得から差し引く仕組みが所得控除です。所得税や住民税を計算する際には、その年の所得金額を確定させる必要があります。生命保険に加入しこの控除が適用されると、所得金額が小さくなるため税金も少なくなるというメリットがあります。

（１）生命保険料控除の種類

　生命保険料控除は次の３種類に分かれます。なお生命保険料控除は平成22年に改正されたため、現在は新制度と旧制度の両方による運用がされています。ここではその種類について触れ、両者の違いについては後ほど説明します。

　①一般生命保険料

　一般的な生命保険契約のことです。民間の生命保険会社との生命保険契約、農業協同組合などの生命共済などがそれにあたります。

　②介護医療保険料

　医療費に対して保険金が支払われる契約、疫病や身体の障害などに対して保険金が支払われる簡易保険契約等が対象となります。ただし、傷害保険や５年未満の契約、貯蓄系の契約は控除の対象となりません。

　③個人年金保険料

　個人年金保険が対象となります。年金の受取人が、保険料を払い込む人もしくは配偶者となっている必要があります。その他にもいくつか条件があります。所得控除の金額は、生命保険料などの支払金額に応じて変わるようになっています（控除には支払保険料の上限金額がある）。

34

たとえば上限を設けなかった場合、支払保険料を増やすことで所得金額を減らすことができます。

（2）平成22年度税制改正

　生命保険料控除は、平成22年度の税制改正によって制度が変わりました。それにより、平成24年1月1日以降に契約した生命保険などの保険契約は新制度を用いた控除額が適用されます。

　保険の内容が変わるわけではありません。平成23年12月31日以前に契約したものは旧制度の生命保険料控除が適用されます。新制度・旧制度それぞれの所得税・住民税の控除額は、以下のようになります。

　①新制度の控除額

　新制度を適用させる場合、一般生命保険料・介護医療保険料・個人年金保険料、それぞれの適用限度額は最大で40,000円となります（所得税の場合）。住民税の場合はそれぞれ28,000円と、所得税と住民税では控除額が異なります。40,000円、28,000円と記載するとその金額の税金が控除されると勘違いする人がいますが、当該金額を差し引いて税率を乗じることで税額を算出します（**図表1**）。

＜図表1＞新制度の控除額

区　　分	所得税		住民税	
	年間払込保険料額	控除される金額	年間払込保険料額	控除される金額
一般生命保険料・介護医療保険料・個人年金保険料（税制適格特約付加）	20,000円以下	払込保険料全額	12,000円以下	払込保険料全額
	20,000円超40,000円以下	（払込保険料×1/2)＋10,000円	12,000円超32,000円以下	（払込保険料×1/2)＋6,000円
	40,000円超80,000円以下	（払込保険料×1/4)＋20,000円	32,000円超56,000円以下	（払込保険料×1/4)＋14,000円
	80,000円超	一律40,000円	56,000円超	一律28,000円

　なお、各控除の適用限度額は、所得税40,000円、住民税28,000円、3種

類の控除を合計した適用限度額は、所得税120,000円、住民税70,000円となります。

②旧制度の控除額

旧制度の場合、所得税の最大適用額が、一般生命保険料・個人年金保険料それぞれ50,000円ずつです。また住民税の場合はそれぞれの最大適用額が35,000円となっています（**図表2**）。

＜図表2＞旧制度の控除額

区　　分	所得税		住民税	
	年間払込保険料額	控除される金額	年間払込保険料額	控除される金額
一般生命保険料・介護医療保険料・個人年金保険料（税制適格特約付加）	25,000円以下	払込保険料全額	15,000円以下	払込保険料全額
	25,000円超50,000円以下	（払込保険料×1/2）+12,500円	15,000円超40,000円以下	（払込保険料×1/2）+7,500円
	50,000円超100,000円以下	（払込保険料×1/4）+25,000円	40,000円超70,000円以下	（払込保険料×1/4）+17,500円
	100,000円超	一律50,000円	70,000円超	一律35,000円

③控除の限度額

生命保険料控除の金額は一般生命保険料・介護生命保険料などの控除額を合算したものとなります。**図表3**は新制度・旧制度それぞれの合算の限度額を示しています。

新制度を適用する契約では、3種類受けた場合で120,000円（所得税）・70,000円（住民税）が最大控除額となっています。旧制度では、2種類を合算した控除の限度額が100,000円（所得税）・70,000円（住民税）となっています。

単純に比較すると、新制度の方が多く控除できるように思えますが、必ずしもそうではありません。たとえば新制度では保険契約1種類あたりの控除額（最大）が40,000円となっています。もしあなたが1種類の保険（一般生命保険料のみなど）にしか加入していない場合は、旧制度

第１章●保険の募集フローと窓販の基礎知識

の方が控除額が大きくなります。

　それでは、次に新旧の生命保険料控除をまとめます。

＜図表３＞生命保険料控除の限度額

	控除の種類	保険料控除の限度額
【新制度】 平成24年1月1日 以降の契約	＜３種類＞ 一般生命保険料 介護医療保険料 個人年金保険料	＜３種類の控除を受けた場合＞ 　所得税 120,000円 　住民税　70,000円 ＜２種類の控除を受けた場合＞ 　所得税　80,000円 　住民税　56,000円 ＜１種類の控除を受けた場合＞ 　所得税　40,000円 　住民税　28,000円
【旧制度】 平成23年12月31日 以前の契約	＜２種類＞ 一般生命保険料 個人年金保険料	＜２種類の控除を受けた場合＞ 　所得税 100,000円 　住民税　70,000円 ＜１種類の控除を受けた場合＞ 　所得税　50,000円 　住民税　35,000円

　新制度が適用されるのは平成24年1月1日以降の契約ですから、お客様によっては、新制度と旧制度それぞれが適用される保険契約に加入していることも考えられます。また平成24年1月1日以降に保険契約を更新したものは、更新月以後の払込保険料が新制度の適用となります。

　たとえば、平成29年7月に保険契約を更新した場合（先回の更新または契約が23年の12月31日以前のもので）、前半の半年分が旧制度、後半が新制度の適用となります。新制度と旧制度の双方が対象となる保険契約の場合、控除の限度額は次のようなルールとなります。

・全体の限度額は120,000円（所得税）と70,000円（住民税）

　新制度・旧制度をそれぞれ適用させた場合、控除の限度額は全体で120,000円（所得税）と70,000円（住民税）になります。

・それぞれの控除額は40,000円（所得税）と28,000円（住民税）が
　限度

　新制度を適用する保険契約の控除、旧制度を適用する保険契約の控除
を合算することは可能ですが、限度額は新制度のものとなります。
　たとえば、先ほど説明した1〜6月の半年分は旧制度、後半の半年は
新制度というもので考えてみましょう。それぞれを合算して控除の申請
をすることは可能ですが、適用限度額は40,000円（所得税）と28,000円
（住民税）までとなります。
・合算しなくてもいい
　新制度・旧制度の併用は可能ですが、必ず合算しなければいけない訳
ではありません。たとえば、旧制度を適用する保険のみで払込保険料が
年間100,000円を超えるなら、旧制度のみの方が控除の金額は大きくな
ります。生命保険料控除を上手に使うためにも申告方法は確実に理解し
ておきましょう。手続きは会社員と自営業とで異なります。

　・会社員の場合
　会社員については、保険料を給料から天引きができる場合がありま
す。できない場合は「給与所得者の保険料控除等申告書」といった書類
と保険会社から送られてくる「生命保険料控除証明書」という書類を提
出することで控除が受けられます。一般的には、保険料を給料から天引
きするといった方法が楽です。
　・自営業の場合
　自営業については、確定申告の際、確定申告書に生命保険料控除証明
書を添付することで控除が受けられます。なお住民税は、所得税の申告
時に控除を済ませていれば自動的に反映された金額が課税されます。

おおよその控除額を判断するコツとしては、それの上限を把握しておくことです。新制度では一般生命保険料・介護医療保険料・個人年金保険料、それぞれの上限が40,000円かつ合計の上限は120,000円です。一方で旧制度では、一般生命保険料・個人年金保険料それぞれの上限は50,000円、合計の上限は100,000円でした。

これにより、一般生命保険料・介護医療保険料・個人年金保険料のいずれにも加入している方は「新制度での申請の方が高くなりそうだ」と予想することができます（厳密には計算が必要）。

ここまで所得控除の話をしてきましたが、主役はあくまでも保険です。控除額を増やすために支払保険料を増やすなどは本末転倒です。生命保険料控除が主体ではないことを、しっかり理解しておきましょう。

５．声かけのタイミングとトーク例

ここでは、話法の心構え等について説明します。皆さんは「メラビアンの法則」という言葉を聞いたことがありますか。これは、米国の心理学者のアルバート・メラビアンが1971年に提唱した概念で、人物の第一印象は初めて会ったときの３～５秒で決まり、またその情報のほとんどを「視覚情報」から得ているというものです。

この概念では、初対面の人物を認識する割合は次のように言われています。

・「見た目/表情/しぐさ/視線等」の視覚情報が55％
・「声の質/話す速さ/声の大きさ/口調等」の聴覚情報が38％
・「言葉そのものの意味/話の内容等」の言語情報が７％

つまり、話の内容よりも皆さんの表情や声のトーン、話すスピードが

非常に重要だということです。これなら訓練すれば誰でもできますね。ただ、お客様に商品をご案内するにあたり、使用しない方が好ましい言葉がありますので、ここでいくつか紹介しておきます（**図表４**）。

＜図表４＞使用した方がいい言葉・しない方がいい言葉

使用しない方が好ましい言葉	積極的に使用したい言葉
「ご提案」	「ご紹介」「ご案内」
「商品の説明」	「お役に立つ情報」
「運用」	「お金の持ち方」・「仕組み」

では、テラーを対象にトークの進め方を説明していきますが、まず声かけしたいのは、次のようなお客様です。

・満期の近い定期預金を保有されているお客様
・ご夫婦でご来店されたお客様
・年金自動受取りをご利用されているお客様
・公共料金の引落し口座を設定されているお客様
・高額な預金残高があるお客様
・投資信託を保有されているお客様
・高額の払戻しをされたお客様
・他行に送金されるお客様

つまり、すべてのお客様に声をかけることができるということです。では、どのようにお客様に声をかければよいでしょうか。そこで理解しておきたいのは、漫才でも重要視されている"つかみ"の話法です。この話法には様々な言葉があります（**図表５**）。

40

第1章●保険の募集フローと窓販の基礎知識

＜図表5＞つかみの話法（一例）

お礼編	・「本日は、お足元の悪いなか、ご来店いただきましてありがとうございます」 ・「本当に長い間、お取引をいただきましてありがとうございます」 ・「そもそも、当初お取引いただいたきっかけは、どのようだったのですか？」 ・「本日は、どうやってこちらまでお越しになられたのですか？」「わざわざご来店いただきまして、ありがとうございます」
褒める編	・「素敵なお洋服ですね！」 ・「ご夫婦の仲がよろしくて、うらやましいです」 ・「○○様のようなほがらかな方とお会いすると、私も明るい気分になれます。」
天気・季節編	・「暑い（寒い）なか、ご来店いただきましてありがとうございます」 ・「雨に降られませんでしたか？」

それでは、具体的なケースを踏まえたトーク例を見てみましょう。

（定期預金の書替えで来店したお客様）

担当者：○○様　ご来店いただきましてありがとうございます。本日は、どのようなご用件でしょうか？

お客様：定期預金の書替えをしようと思って…。

担当者：定期預金の金利が低くてご迷惑をおかけいたします。

お客様：でも、どこの金融機関も低いから仕方ないよね。

担当者：ところで、○○様。マイナス金利が導入されて、ご資産を守るためにどのような運用をなさっていますか？

お客様：特別何もしていないけど…マイナス金利って…？

担当者：はい。マイナス金利とは金融機関が日本銀行に預ける預金の一部に適用される金利がマイナスだということです。ただ、お客

41

様の預金がすぐにマイナスになる訳ではないのでご安心ください。ただ、現金や資産を持つことを考え直そうというお客様が増えてきています。

お客様：そうなんだ。

担当者：はい。かと言って、リスクが伴う商品を嫌われるお客様も多いですから、そうしたお客様に生命保険という比較的リスクの低い商品をご案内しています。

お客様：生命保険はリスクが低いんだ。

担当者：生命保険には外貨建てのものと円建てのものとありますが、特に円建てについては長期で保有していただきますとリスクはかなり低くなります。

お客様：そうなの。

担当者：本日、少しだけお時間をいただけませんでしょうか？

お客様：少しだけならいいけど…。

（預金口座に資金が滞留しているお客様）

担当者：○○様、当行にお預けいただいておりますご預金ですが、ここ数ヵ月はお引出しの動きがありません。今後どのようにお使いになられる予定ですか？

お客様：今のところ使う予定はないから、そのまま預けておいて。

担当者：はい。とてももったいないですね。預金の安心感はありますが、このような低金利時代です。預金以外で運用することをお考えになったことはございませんか？

お客様：預金以外で？

担当者：はい。たとえば株や投資信託などでの運用です。

お客様：でも、元本割れするでしょ。

担当者：確かに、株や投資信託は価格の変動がございますが、外貨ベー

42

第1章●保険の募集フローと窓販の基礎知識

スで元本保証の機能の付いた保険商品はおすすめです。一定期間を保険商品で運用することで、元本保証と同じ効果もあります。しかも、日本円でないアメリカドルやオーストラリアドルなどの外国通貨で運用すると、利回りは預金より高く魅力的です。当行にお預けいただいている預金の全額ではなく、一部をこうした商品で運用すれば、元本保証の機能を利用しながら魅力的な利回りを期待できますよ。

お客様：保険で運用するの？　いまいちピンとこないな。

担当者：そうですよね。今日お決めいただく必要はありませんが、せっかくの大事なご資金ですので、よろしければご紹介だけでもさせていただけないでしょうか？

お客様：聞くだけになるかもしれないけど。

担当者：もちろん、それだけでも結構です。

　なかなか、このようにスムーズに進まないケースも多いでしょう。そこで、お客様自身迷ったり、何か売り込まれるのではと躊躇しているときには、次のような話法で突破します。

・「○○銀行でも、そんなことができるのね」と大変喜んでいただきました。

・先日も、将来の目的に応じたお金持ちの方に、「よく分かった」と大変喜んでいただきました。

・先日も他のお客様にご紹介させていただき、「役に立った」と大変喜んでいただきました。

・先日も○○様のようなお客様にご紹介したら、「これから安心して長生きができる」と大変喜んでいただきました。

・先日も○○様のようなお客様にご紹介したら「一生減らない財布の

43

ような仕組みができた」と大変喜んでいただきました。

・先日も〇〇様のようなお客様にご紹介したら「生涯安心できる仕組
　みができた」と大変喜んでいただきました。

いかがですか？　お客様には自信を持って話してみてください。

第2章

相続ニーズへの
アプローチ&トーク例

1．生命保険を活用する意義

　平成27年に相続税が改正され、基礎控除が引き下げられました。相続税対策として生命保険を検討しているけれど、具体的にどのくらい節税できるのか分からないという人は多いと思います。そこで、本章では生命保険を活用した相続税対策について説明します。

　まず、相続税対策として生命保険を活用するメリットは、次の３つになります。

　・財産評価を引き下げる（死亡保険金の非課税枠活用）

　・遺産分割対策として利用する

　・納税資金として利用する

（1）財産評価を引き下げる

　死亡保険金の非課税の限度額は「500万円×法定相続人の数」となります。生命保険の控除額により相続財産の評価額を下げることができます。ぎりぎりで相続税が発生するような場合は、生命保険を活用することで相続税負担を回避できる可能性もあります。

　たとえば、法定相続人が３人いると1,500万円の控除を受けることができます。現金で持っているとその金額が相続税の対象になりますが、生命保険の死亡保険金で受け取るだけで控除を受けることができます。

（2）遺産分割対策として利用する

　よく〝争続〟という言葉を耳にしますが、相続人が複数いる場合、兄弟など親族で権利を巡って争うケースが多々あります。特に遺産が不動産の場合はすぐ分割できず争いの元となります。それに対し、生命保険

の死亡保険金は受取人固有の財産のため、遺産分割協議の対象外となります。特定の相続人に財産を残したい場合に活用できます。

　生命保険なら複数の受取人を指定することができるので、相続財産を分割しづらいときなどに遺言と同じ効果が得られます。財産をたくさん残すのも大事ですが、残されたご家族で〝争続〟にならないようにするのは、もっと大切かもしれません。

（3）納税資金として利用する

　遺産のほとんどは不動産で現預金が少ない場合、多額の相続税を納付しなければならないケースがあります。しかし、通常相続財産は遺産分割協議が終わるまで凍結され、受け取るまでに相当時間がかかるため、なかなか納付できないことがあります。それに対し、生命保険の死亡保険金なら受取人を指定することができ、書類を用意してから通常1週間程度で受け取ることができます。

　次は、具体的に相続税の仕組みとともに生命保険の活用について説明します。

２．相続税の基礎を理解する

（1）相続税とは何か

　相続税とは、亡くなった人の財産を相続人がもらうときに、支払わなければならない税金のことです。遺言や死因贈与契約により相続人でない人が財産をもらう場合も、相続税の対象となります。

　相続税でまず覚えておくことは「基礎控除」です。基礎控除とは、残された相続財産に対する相続税を支払わなくてよいとされる一定金額のことです。

　相続税の基礎控除は「3,000万円＋法定相続人の数×600万円」です。

たとえば法定相続人が3人なら「3,000万円＋3人×600万円＝4,800万円」となります。基礎控除が4,800万円なら、相続財産が4,800万円以下なら相続税は支払わなくてよいのです。

　ただし、一戸建てやマンションなどを所有し、預金が2,000万円程度あると相続税が発生する可能性がありますので注意が必要です。ちなみに相続税の税率は**図表6**の通りです。

＜図表6＞相続税の速算表

基礎控除を超えた金額	相続税率	控除額
1,000万円以下	10%	―
3,000万円以下	15%	50万円
5,000万円以下	20%	200万円
1億円以下	30%	700万円
2億円以下	40%	1,700万円
3億円以下	45%	2,700万円
6億円以下	50%	4,200万円
6億円超	55%	7,200万円

（2）相続税の申告と具体的手順

　相続税は、相続が発生してから10ヵ月以内に申告と納税まで済ませなければなりません。相続税の支払いに際しては相続財産の調査に時間がかかるため、発生後すぐに準備を始めた方がよいでしょう。次に、支払いの手順について説明します。

　①相続財産を集計する

　まずは、相続財産が全部でどれだけあるのかを把握します。預金等はそのままの金額でよいですが、土地や建物などの不動産については路線価で算定します。また株式の場合、非上場株式は計算に時間がかかりま

すので、早めに税理士に依頼します。

　そして葬儀費用や債務など、相続財産からマイナスできるものを計算し相続財産を確定させます。

　②基礎控除を算出する

　基礎控除は、「3,000万円＋法定相続人の数×600万円」です。そのため、法定相続人を確定させないと、基礎控除の金額が決まりません。法定相続人は、被相続人の出生から死亡までの戸籍謄本を取得し、養子等も含めて計算します。

　③相続税を計算する

　相続財産の金額と基礎控除の金額が決定したら、相続財産から基礎控除を差し引きます。これにより相続財産がマイナスとなれば、相続税の支払義務はありませんし、もちろん申告する必要もありません。逆にプラスとなった場合は、その金額をもとに相続税を計算して申告・納税しなければなりません。

（3）生命保険の活用と課税関係

　私たちが取扱う生命保険のうち終身保険は様々な利用方法がありますが、商品性も定期支払金特約を付帯したものや目標値設定型のものなど、非常にバリエーションが豊富です。それでは、相続対策における保険の優位性について考えてみましょう。

　相続の生前対策は大きく「遺産分割対策」「納税資金対策」「税額軽減対策」に分けられます。

　たとえば、相続税の課税対象にならない場合でも、相続人が複数いれば相続財産を巡りトラブルとなることは少なくありません。したがって、財産のほとんどが不動産や自社株等の場合、後継者に事業用財産を継承させたい場合などは、遺産分割対策が大切になります。また、相続税の申告書の提出期限までに納税資金を確保する必要があるため、納税

資金対策も必要となるのです。

　さらに少しでも税額を軽減させるために、財産を生前移転等すること
で評価額（課税価格）を引き下げるといった税額軽減対策も有効です。
具体的な方法は様々ですが、保険を活用すれば契約形態等を工夫するこ
とで柔軟に対策を講じることが可能です。代表的な契約形態では**図表7**
のような効果が考えられます。

＜図表7＞生命保険金の課税関係

	契約者	被保険者	保険金受取人	税金の種類
パターン1	夫	夫	妻 （相続人）	相続税（保険金非課税の 取扱いあり）
パターン2	夫	夫	孫 （相続人以外の人）	相続税（保険金非課税の 取扱いなし）
パターン3	夫	妻	夫	所得税（一時所得）
パターン4	夫	妻	子	贈与税

　まず、パターン1では、保険金受取人を特定の相続人とし、保険金額
を遺留分や法定相続分に設定することで、円満な遺産分割や代襲分割を
検討する場合に活用できます。また、保険金額を生命保険の非課税金額
以下にするか、あるいは支払うべき相続税額に見合う保険金額を契約す
れば納税資金対策にもなります。

　次に、参考までに相続税を完納するために必要な死亡保険金額の目安
表を記載しますので、担当するお客様にいくらくらい相続税が課せられ
るかを確認してみてください**（図表8）**。

　このように、生命保険金の課税関係は複雑ですが、税務上の取扱いに
関しては、便宜的に「保険金（生命保険金、満期保険金ともに）は、保
険契約者（正確には保険料負担者）のもの」と考えてみると分かりやす
いでしょう。

第２章●相続ニーズへのアプローチ＆トーク例

＜図表８＞相続財産と相続税額

（単位：万円）

相続財産	配偶者がいる場合			配偶者がいない場合		
	子供１人	子供２人	子供３人	子供１人	子供２人	子供３人
5,000	40	10	0	160	80	20
8,000	235	175	137	680	470	330
10,000	385	315	262	1,220	770	630
15,000	920	748	665	2,860	1,840	1,440
20,000	1,670	1,350	1,217	4,860	3,340	2,460
30,000	3,460	2,860	2,540	9,180	6,920	5,460
40,000	5,460	4,610	4,155	1,4000	10,920	8,980
50,000	7,605	6,555	5,962	19,000	15,210	12,980

※法定相続人が法定相続分どおりに相続するものとして税額を算出。配偶者がいる
　場合は配偶者の税額軽減の特例を適用。
※１万円未満四捨五入

　たとえば、図表７のパターン１、パターン２のケースであれば、「契約者（夫）のものである保険金を契約者（夫）の死亡により相続人（妻）または相続人以外（孫）がもらうので相続税の対象となる」と考えます。つまり、「死亡した人（被相続人）の財産をもらったため相続税の対象となる」ということです。

　また、パターン３のケースでは、「契約者（夫）が自分のものである保険金を妻の死亡を原因として受け取った」わけですが、その際に「自分が支払った保険料以上の保険金をもらったので、その増えて戻ってきた分が所得税の対象となる」ということです。

　さらに、パターン４のケースでは、「契約者（夫）のものである保険金を、妻の死亡を原因として契約者以外の人（子）が受け取った」ので、「生きている個人から財産をもらったので、贈与税の対象となる」ということです。

（4）生命保険金等の非課税

　生命保険金等については、一定の金額が相続税の非課税となる規定があります。そこで「生命保険金等の非課税規定」について見ていきましょう。

　①対象となる契約

　非課税の対象となる生命保険金等には、終身保険以外にも定期保険および養老保険等の保険金の他に、個人年金保険で保険料払込期間中に被保険者が死亡した際に支払われる死亡保険金（死亡給付金と呼ばれることもある）などがあります。この他に、一定の共済契約によって支払われる生命共済金も含まれます。

　②契約形態

　非課税の対象となる生命保険の契約形態は、保険料負担者である契約者および被保険者が被相続人で、保険金受取人が相続人である契約に限られます。たとえば、契約者および被保険者が夫で、保険金受取人が妻や子であるような契約です。なお、ここでいう相続人とは、民法上の相続人のことで、法定相続人であっても相続を放棄した人が受け取った保険金は、非課税の対象とはなりません。

　③非課税限度額

　非課税限度額とは、非課税の対象となる生命保険金等のうち、非課税となる金額のことで、「非課税枠」などと呼ばれることもあります。非課税限度額については、次の計算式によって求めます。

　非課税限度額＝500万円×法定相続人の数

　（契約者＝被保険者で保険金受取人＝被保険者の相続人の場合、死亡保険金等の総額から500万円が控除される）

　非課税限度額の計算には「法定相続人」を使い、非課税の対象となるのは、生命保険金等を受け取った「相続人」となるので、混同しないようにします。

④各人の非課税金額

相続人が取得した生命保険金等のうち、非課税となる金額は次の通りです。

・すべての相続人が取得した生命保険金等の合計額が非課税限度額以下の場合　→　その相続人が受取った生命保険金等の全額が非課税
・すべての相続人が取得した生命保険金等の合計額が非課税限度額を超える場合　→　次の計算式により求めた金額が非課税

＜非課税金額の計算式＞

$$\text{生命保険金等の非課税限度額} \times \frac{\text{その相続人が受け取った生命保険金等の合計額}}{\text{全ての相続人が受け取った生命保険金等の合計額}} = \text{その相続人の非課税金額}$$

では、次にもっと具体的な金額に置き換えていきます。

＜図表９＞事例１

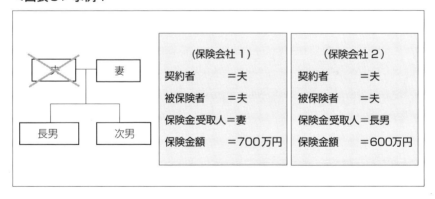

はじめに、事例１（**図表９**）の家族構成や生命保険契約の内容などの前提条件を確認します。家族は夫が被相続人で法定相続人は妻、長男、次男の３人です。相続放棄はありません。また、被相続人である夫が契約者であり、被保険者である生命保険契約が２つあります。

まず最初に非課税限度額を計算します。非課税限度額は「500万円×法定相続人の数」という計算式で求められますから、500万円×３人＝

1,500万円となります。

次に、すべての相続人が取得した保険金の合計額を求めます。事例では、妻の受け取った保険金700万円と長男が受け取った保険金600万円が該当するので、700万円＋600万円＝1,300万円となります。

これにより「非課税限度額1,500万円≧すべての相続人が取得した保険金の合計額1,300万円」となるため、妻および長男の取得した保険金は非課税となります。

＜図表10＞事例2

次に事例2（図表10）です。家族構成および生命保険の契約数および内容は事例1と同じですが、妻が相続を放棄しているという点だけ異なります。

非課税限度額は、事例1と同様「500万円×3人＝1,500万円」です。妻は相続を放棄していますが、非課税限度額を計算する際には「法定相続人」の数がその要素となるため、法定相続人は妻を含めた3人となります。

次にすべての相続人が取得した保険金の合計額を求めます。事例2では長男の取得した600万円のみが該当します。

したがって、「非課税限度額1,500万円≧すべての相続人が取得した保険金の合計額600万円」となるため、長男の取得した保険金は全額が非

課税となります。また、妻の取得した保険金700万円は、全額課税対象となります。相続人が相続を放棄する場合は比較的まれですが、このようなケースも覚えておきましょう。

<図表11>事例3

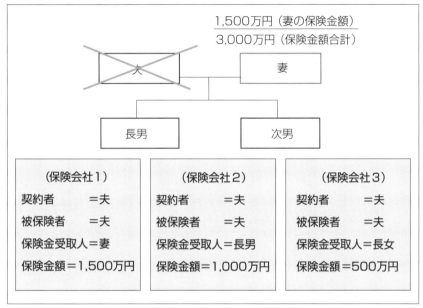

最後に事例3（**図表11**）として少し複雑な事例を取り上げます。家族構成は事例1、事例2と同じですが、生命保険の契約数および内容がそれぞれ異なります。

まず家族構成は事例1、2と同じですから、非課税限度額も同様に1,500万円となります。次にすべての相続人が取得した保険金の合計額は、妻1,500万円、長男1,000万円、長女500万円の合計3,000万円となります。

「非課税限度額1,500万円＜すべての相続人が取得した保険金の合計額3,000万円」のため全額は非課税とはならないので、非課税限度額を各相続人の取得した保険金額によって按分しなければなりません。

＜各人の非課税金額＞

・妻の非課税金額＝ $1,500万円 \times \dfrac{1,500万円（妻の保険金額）}{3,000万円（保険金額合計）} = 750万円$

・長男の非課税金額＝ $1,500万円 \times \dfrac{1,000万円（長男の保険金額）}{3,000万円（保険金額合計）} = 500万円$

・長女の非課税金額＝ $1,500万円 \times \dfrac{500万円（長女の保険金額）}{3,000万円（保険金額合計）} = 250万円$

　このように、非課税限度額を各相続人が取得した生命保険金の額で按分した結果、それぞれの非課税金額は、妻750万円、長男500万円、長女250万円となり、各人の保険金からこの金額を差し引いた残りが相続財産となります。

３．相続時精算課税制度とは

　相続時精算課税制度は贈与者と受贈者の関係を問わない暦年課税とは異なり、一定の直系親族間の贈与に認められた特例です。

（１）相続時精算課税制度の特徴
　①2,500万円までは贈与税がかからない
　2,500万円までの贈与には贈与税がかからず、2,500万円を超える部分に20％の贈与税が課されます。贈与財産の種類、金額、贈与回数、年数に制限はありません。
　②贈与者と受贈者に条件がある
　贈与者は60歳以上の親または祖父母、受贈者は贈与者の推定相続人である20歳以上の子または孫です。また贈与者ごとに適用できるため、たとえば父からは暦年課税、母からは相続時精算課税とすることもできます。贈与財産が一定の要件を満たす住宅取得資金の場合には、贈与者に

年齢制限はありません。これを「相続時精算課税選択の特例」といい、平成31年6月30日まで延長されています。

③いったん選択したら変更できない

相続時精算課税を選択した場合は、それ以降のその贈与者からの贈与は暦年課税を適用できません（暦年課税に戻せない）。

④将来の相続発生時に「精算」する

贈与者の相続時は、相続時精算課税での贈与財産を加算して相続税を計算し、この相続税といったん支払った贈与税との差額を支払います（還付を受けることもある）。

（2）贈与税および相続税の計算例

相続時精算課税を利用した場合の、贈与から相続までの流れに合わせた税金の計算例は次の通りです。

①2014年に父から子へ2,000万円贈与

贈与税の申告あり、贈与税の支払いなし（累計2,500万円までは贈与税がかからないため）

②2015年に父から子へ1,000万円贈与（2014年との累計3,000万円の贈与）

贈与税の申告あり、贈与税100万円支払い

（3,000万円－2,500万円）×20％＝100万円

③2016年に父から子へ110万円贈与

贈与税の申告あり、贈与税22万円支払い（暦年課税の基礎控除が適用できないため）

④2017年に父に相続が発生（相続人は子が2人）

【遺産が1億円の場合】

遺産1億円＋贈与財産3,110万円－基礎控除4,200万円＝課税遺産総額8,910万円

｛(8,910万円÷相続人数2人) ×相続税率20％－200万円｝ ×2人＝相続税1,382万円

　相続税1,382万円－贈与税122万円＝1,260万円（相続時の納税金額）

※この場合、贈与税は相続税の先払いとなり差し引かれる。

　【遺産が1,000万円の場合】

　遺産1,000万円＋贈与財産3,110万円＝4,110万円＜基礎控除4,200万円

※この場合、相続税はかからないため、支払っていた贈与税122万円は全額還付される。

（3）相続時精算課税のメリット・デメリット

　まず、メリットは次の通りです。

　①一度に多額の贈与ができる

　2,500万円までは贈与税がかかりません。2,500万円超は一律20％の贈与税がかかります。

　②財産移転がスムーズにできる

　相続税で再計算されるため相続税の節税対策にはなりませんが、早期に多額の財産を移転できます。

　③収益物件の贈与なら相続税対策につながる

　収益物件の贈与であれば贈与後の収益は受贈者のものとなるため、贈与者の財産（収益分）が増えないことで間接的な相続税対策になります。

　④値上がり見込みの財産を贈与するには有利

　贈与時の金額が相続時に加算されるため、将来的に値上がりが見込まれる財産の贈与であれば、値上がり分の相続税は回避できることになります。

　⑤分けにくい財産でも生前に移転が可能

　相続時に遺産分割協議が難しい財産も生前に移転が可能です。ただし、贈与財産は遺産分割の対象にはなりませんが特別受益にはなるので

注意が必要です。

一方、デメリットは次の通りです。

①一定の直系親族間の贈与に限られ、かつ年齢制限がある

②金額にかかわらず贈与税の申告が必要

③贈与財産は相続時に小規模宅地等の特例が受けられない

④贈与財産は相続時に物納できない

⑤その贈与者からの贈与は暦年課税に戻せない

⑥不動産の贈与は移転コストが高い

相続であれば登録免許税は0.4％ですが、贈与では2.0％となるうえ不動産取得税もかかります。

４．生命保険の相続対策への活用

（１）納税資金の準備

相続税対策でよく使われた方法に、建設資金の融資を受けて自己の所有する土地に賃貸マンションやアパートを建て、土地の財産評価額を下げるというものがあります。

しかし、この方法は空室が埋まらず建設資金の返済が苦しくなったり、土地の売却が難しくなったりなど一定のリスクが伴い、相続税の節税対策としては危険だと指摘する専門家も少なくありません。

そういう意味では、財産評価額を下げる対策だけでなく、納税資金としての資産を用意する対策が重要です。これは、換金性を高めた資産を生前から準備しておき、相続が発生したらすぐに換金し、相続税を納付しようというものです。

特に換金しにくい不動産等を換金しやすい資産構成に換えておくことが代表例です。また、遺言により納税義務者に換金性の高い資産が分配されるようにしておくことも大切です。資産を残す側が、相続人の困り

がちなケースを想定して、最低限やっておかなければならないことといえるでしょう。

　というのも、比較的換金性の高い更地であっても、売却に時間がかかることが多く、土地の売買により譲渡所得税の発生も考えられるからです。また、物納しようとしても物件自体が物納要件を充たしていることが必要なため、物納申請手続に時間がかかります。さらに、物納が認められないといった事態も考えられます。

　したがって、相続税の納税のための資金準備をしておく必要性が発生するのです。

＜納税資金が足りない場合＞

　納税資金対策として、代表的なものを紹介します。短期的なものとしては、次のようなものがあります。

①銀行等の金融機関からの借入れ

②死亡退職金・弔慰金の活用

③相続資産の売却

④納税資金の生前贈与

⑤延納・物納の利用

　ただし、短期的というのは、結果としてその必要性に迫られた場合であることが大半です。そのため、できる限り計画的に長期的な視野で取り組むことをおすすめします。計画的に取り組める対策としては、次のようなものがあります。

①生命保険への加入

②土地活用により不動産の評価を減らし賃貸収入を得る

③賃貸用不動産を譲渡する

第2章●相続ニーズへのアプローチ＆トーク例

　そこで皆さんは、比較的受け入れやすい生命保険の提案を行うことになります。

（２）相続財産の圧縮

　まずは、非課税枠を使用することです。非課税財産を使って相続税評価額を圧縮する方法で活用できるのが、生命保険金の非課税枠です。生命保険金には「500万円× 法定相続人の数」の非課税枠があります。このため、支払った保険料の総額よりも保険金額が少ない場合でも、その差額が非課税枠の範囲内であれば、現金で保有しているよりも相続税評価額が小さくなります。

　また、最近では医療保険を活用し財産を圧縮するケースも見受けられます。具体的には、短期払い（全期前納払い、２年払い、５年払いなど、保険会社により払込方法は異なる）で保険期間は終身という契約をしておき、将来は子供や孫に契約を贈与する方法です。

　契約形態としては次の通りです。

＜契約形態のフロー＞

契　約　者：親	契　約　者：子供または（孫）
被 保 険 者：子供（孫）　親死亡時	被 保 険 者：子供または（孫）
給付金受取人：親	給付金受取人：子供または（孫）

　このように親の死亡時に契約者、給付金受取人名を子供や孫にすることにより、当初負担した保険料200〜300万円が入院日額給付金の10倍により贈与することができます。入院日額給付金２万円とすると、当該契約の保険の価値は20万円となりますので、大きな資産を圧縮できるというわけです。

61

５．相続ニーズへの対応とトーク例

（500万円の非課税枠の活用）

担当者：ところで、○○様。たくさん資産をお持ちですが、何か対策を
されていらっしゃいますか？

お客様：まだ何もしていないけど…。

担当者：それでしたら、○○様、相続税がかからない財産があることを
ご存知ですか？

お客様：相続税がかからない財産？

担当者：はい、そうです。

お客様：何だろう？　仏具なんかを買うことかな？

担当者：そのような方法もありますが、生命保険を活用すれば一部相続
税がかかりません。

お客様：一部とはどういうこと？

担当者：法定相続人１人あたり500万円までの生命保険金には相続税が
かからないんです。

お客様：そうなんだ。うちは３人いるから1,500万円までは非課税とい
うこと？

担当者：そうです。1,500万円を預金等で保有していますと、他の財産
と合わせて相続税が課税されますが、それを保険にすること
により相続財産から除外されますので、相続税が軽減されること
になるんです。

（葬儀費用への対応）

担当者：ところで、○○様はたくさんの資産をお持ちですが、何か対策
をされていらっしゃいますか？

第2章●相続ニーズへのアプローチ＆トーク例

お客様：まだ何もしていないけど…。

担当者：万一のときに、すぐに現金化できる資金を準備されていらっしゃいますか？

お客様：預金ならありますよ。

担当者：はい。預金はお客様の万が一のときには、遺産分割協議によりどなたがどの財産を相続するかが決まるまでは、引出しができなくなるのはご存知ですか？

お客様：そうなの？

担当者：なかには、数ヵ月、数年間にわたり遺産分割協議が長引く場合がありますので、その間はお引出しができなくなります。いわば口座の凍結です。

お客様：それは困るな。だって相続税や葬儀費用を払わなくちゃいけないでしょ。

担当者：その点、生命保険に加入されますと、請求すれば1週間くらいで保険金受取人の口座に着金されますので、お支払いに困ることはありません。

お客様：それは、考えないとね。

（〝争族〟防止への対応）

担当者：ところで、○○様たくさんの資産をお持ちですが、何か対策をされていらっしゃいますか？

お客様：まだ何もしていないけど…。

担当者：ところで、相続って〝争族〟と書くこともあるのはご存知ですか？

お客様：ああ、知ってるよ。

担当者：〝争族〟って嫌ですよね。同じ環境で育った者同士が争うことになるわけですから。それほど、もめることが多いということな

63

んでしょうね。○○様は、ご心配ありませんか?

お客様：うちは資産があまりないから心配ないよ。子供同士も仲がいいしね。

担当者：そうしますと、ご自宅はご長男で現金はご次男が相続されるようなイメージですか?

お客様：まあ、そんなところかな。

担当者：相続では、○○様に万が一のことがあった場合、ご兄弟の話し合いで財産分与をすることになりますが、ご自宅の評価と現金で価値の差があれば、もめる温床になりかねません。

お客様：そうか。それは困るな。

担当者：そうしましたら、生命保険を使ってご兄弟の争う原因を取り除いておく方法がありますが、ご興味はありませんか?

お客様：それは聞いてみたいね。

第3章

運用ニーズへの
アプローチ&トーク例

1．資産運用の基本的な考え方

（1）マイナス金利導入の影響

　2016年2月に導入されたマイナス金利の影響で、銀行の預金金利はさらに低下しました。定期預金に100万円を1年間預けても、銀行によってはＡＴＭ手数料が定期預金の利息を上回ってしまうこともあります。

　マイナス金利の影響は、銀行預金だけでなく私たちが取扱う生命保険にも影響を与えています。保険会社は保険料を主に日本国債で運用していますが、その日本国債の利回りが一段と低下したため、金利収入の減少に苦慮しています。

　たとえば、一時払終身保険などは、途中で解約した場合に「解約返戻金」が払い戻される仕組みがあり、契約してから一定期間経過すると、解約返戻金が払い込んだ保険料を上回る契約もありました。この仕組みを利用して、保険を貯蓄目的で利用する人もいたのです。

　しかしマイナス金利を受けて、貯蓄性の高い保険商品は販売が停止されたり条件が変更され、運用商品としての魅力が大幅に減っています。

　さらに、生命保険業界では2017年4月に標準利率（業界標準の予定利率）の引下げが行われました。これにより各保険会社の円建て商品の予定利率も下がり、運用商品や積立商品としての生命保険の魅力はさらに薄れてしまいました。

（2）外国通貨で運用する商品

　それでは、マイナス金利を受けて、保険商品を使った資産運用は魅力がなくなってしまったのでしょうか。いいえ、そんなことはありません。資産運用の観点からは選択の余地が狭まりましたが、外国通貨で運用する商品に目を向けると、まだまだ魅力のある商品はたくさんありま

第3章●運用ニーズへのアプローチ&トーク例

す。その一つがアメリカドル（以下、米ドル）、オーストラリアドル（以下、豪ドル）、ニュージーランドドルで運用する商品です。

　保険商品のメリットの一つは、「定額利率で運用するタイプの生命保険の利率は固定」ということです。つまり、保険契約に適用される予定利率は、今後市場金利が低下したとしても、契約時の水準から変動しないのです。外国通貨で運用する商品も同様に、加入時に定められた予定利率は満期時まで変わりません。

　外貨建て商品は主に終身保険、変額保険ですが、円建て商品の予定利率が低いことから注目されています。外国債券で運用されますから、普通預金金利が0.001％、定期預金金利が0.01％とされるなかで、１％台、２％台後半の商品も珍しくありません。保険に適用される利率はまだ下がっていないものもあるのです。

　また今後、しっかり商品を選定・吟味し比較検討するなかで、お客様のニーズが定額利率で運用するタイプの生命保険があったなら、少なくとも現時点の利率で固定運用することが可能となりますので、外貨ベースでは必ず増加します。

（3）為替リスクの検討も必要

　資産運用においては、一般的に金利低下局面では「固定金利」を、金利上昇局面では「変動金利」を選択することがセオリーとされます。生命保険についても、今後も金利低下局面が続くと考えるなら、定額利率で運用するタイプを選択した方がよいといえるでしょう。逆に、金利はさほど下がらないとの考えるのであれば、金利の底打ちや上昇を待ってから検討すればよいのです。

　さらに、定額利率で運用するタイプの生命保険なら、ぜひ、積立としての活用もあるという点を覚えておいてください。生命保険を活用した積立は、積立期間中に解約するとほとんどの場合、解約返戻金は支払保

67

険料の総額を下回りますが、積立終了後は支払保険料の総額を上回り、銀行預金の金利よりも高いことが多いからです。

また、利率が高い外国債券で運用する商品には為替リスクがあります。このリスクをなくすことはできませんが軽減する方法はあります。

２．積立利率と保険料

（１）積立利率とは何か

外貨建て一時払終身保険は、米ドル、豪ドル、ユーロ、ニュージーランドドル等の国債で運用されるものが一般的です。そのなかでも、予定利率の高い豪ドルに人気が集中しています。次に失業率、雇用統計の指標が改善され、利上げが予定されている米ドルと続きます。

すでにご存じだと思いますが、これらの外貨建て終身保険には、商品ごとに生命保険会社が運用する利率である「積立利率」が設定されています。そこで、積立利率表などを見たお客様は、定期預金等の金利と比較して高いため、関心を示される人が多いと思われます。

しかし、定期預金等と単純に比較できないのが積立利率です。生命保険等の積立利率と預金や債券などの「金利・利息」とを一緒に比較してはいけません。

積立利率は「積立利率がかけられるのは貯蓄部分相当のみ」という点と「利率表記が単利である」という２点で、前述の金利や利息と根本的に異なっています。こうしたことを知らずに、積立利率だけを見て「預金代わりに保険に入ろうかな」というお客様が多くいるのです。

この点については、後ほど詳しく説明します。

（２）積立利率の実際

そこで、一時払円建て終身保険というケースで考えてみます。計算を簡

略化するため一時払いとしていますが、毎月払いでも仕組みは同じです。

　シミュレーションの保険は「保険期間終身、積立利率2％、死亡保険金額1,200万円、一時払保険料800万円」という終身保険と仮定します。積立利率がかけられるのは貯蓄部分相当のみです。

　積立利率というと支払った保険料に対して、その利率がプラスされると思っている人も多いかと思いますが、実態は「支払った保険料の一部で、運用に回っている部分の保険料に対して積立利率が乗じられる」という仕組みです。上記の終身保険の場合、20年後に解約すると1,000万円の解約返戻金が生じたとすると、1,000万円相当の保険料が必要となりますが、積立利率で運用した分を差し引いて800万円の保険料とされているのです。

　では、この保険の実際の利回りを検証してみましょう。要するに800万円投資をして20年後に解約すると1,000万円が戻ってくるわけですから、運用益は20年で200万円ということになります。

　利回りは200万円÷800万円＝25％

　この25％を加入期間である20年で割ると、1年あたりの利率は1.25％となります。あれ、積立利率は2％じゃないのかと思われるかもしれません。しかしながら、これで正しいのです。積立利率は「積立すべき部分」にしかかかりません。そして、一般的に積立すべき部分の保険料は一時払保険料の約90％くらいです。

（3）保険料の種類と積立利率

　予定利率は、あくまでも保険会社に支払われた保険料のうち「積立しておく部分」にしかかかりません。生命保険の保険料は大きく「死亡保険料」「積立保険料」「付加保険料」という3種類に分けられています。

　・死亡保険料

　被保険者の「死亡リスク」に対する保険料です。これは、死亡保険に

おけるコストにあたります。

・積立保険料

被保険者の将来の「満期金」や「年金」の財源となるべく積み立てる保険料です。長期保険の場合は「将来の死亡リスクに対する死亡保険料の積立」部分のための保険料です。

・付加保険料

保険契約にかかる各種費用のための保険料です。人件費や書類作成料、維持管理費用などです。このうち積立利率が適用されるのは、「積立保険料」として支払われている部分のみです（正確には貯蓄保険料として積み立てられている部分だが、今回は一時払終身保険のため「積立保険料＝積立部分」となる）。

ちなみに、この積立利率が適用される範囲ですが、「貯蓄性が高い保険ほど返戻率が高い」という形になります。逆に特約などで保障がてんこ盛りの保険の場合、積立利率がいくら高くても特約保険料の割合が高くなり、それが適用される部分が少なくなります。先ほどの例では、20年で2％の積立利率の生命保険でしたが、実際の運用部分は1.25％になります。

しかしながら、生命保険の積立利率は「単利」です。保険金の受取りが満期日一括となるためです。単利と複利の金融商品を比較するのは好ましくありません。たとえば、当該生命保険の場合、受け取れる金利は1.25％と高くても単利にすぎません。一方、金利が1.5％の金融商品を複利で20年運用した場合34.68％の運用利回りとなり、単年に換算すると1.734％で運用できたことになるわけです。ですから、表面上の利回りの高さだけを伝えるとお客様が誤った判断をします。

また積立利率は固定金利ですが、「保険会社の業績によっては見直すことができる」と法改正されました。そのため、保険会社が経営不振になった場合には、強制的に見直されるというリスクがありますので、こ

の点も理解しておく必要があります。

<積立利率と予定利率>

積立利率は保険料全体のうち積立保険料部分に対して乗じられるものであり、予定利率は保険料全体に対して乗じられる利率のことです。保険会社によっては初期費用等を設定していない商品を取り扱っている場合、予定利率と表示している場合が多いようです。

3．予定利率等の説明方法

（1）予定利率にまつわる用語

おさらいをすると、予定利率は契約者に約束する運用利回りのことです。そして、この予定利率が高い保険ほど「お得な保険」です。

バブル期に契約した保険などは、現在販売している保険より条件がいいのではないかと思い、契約を見直すべきか迷っている人もいると思われます。しかし、一般的に平成ひと桁の時代に加入した生命保険の予定利率は高いものが多く、解約されると損すると思われます。そのため、解約せずに払済みにしておくのが得策です。

予定利率とは、保険会社が保険料を計算するときに用いる基礎率の一つです。生命保険の保険料は「予定利率」「予定死亡率」「予定事業費率」という3つの基礎率から成り立っています**(図表12)**。

<図表12>基礎率の成りたち

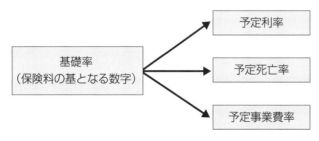

この３つの用語を簡単に説明します。

・予定利率＝契約者に約束する運用利回り

・予定死亡率＝死亡などの事由で発生する保険金を支払うための数値

・予定事業費率＝保険会社の運営にかかる事業費を数値にしたもの

これを飲食店に置き換えると、次のようになります。

・予定利率＝投資で得る予定の運用益

・予定死亡率＝食材

・予定事業費率＝人件費やテナント代や広告費

　このように、予定利率は保険会社が保険料を決定するときの重要な要素の一つとなります。

　予定利率については、主に次の３つを押さえておいてください。分かりやすいので、一時払保険で説明します。

・予定利率＝契約者に約束する運用利回り

・予定利率が高い＝返戻率が高い

・予定利率が高い＝保険料が安い

　それでは順に詳しく解説していきます。

（2）予定利率＝契約者に約束する運用利回り

　予定利率とは、生命保険の契約者に対して約束する運用利回りのことです。たとえば、Ａ生命という会社の一時払終身保険（保険料100万円）は、予定利率１％で10年後に解約すると105万円になって返ってく

第3章●運用ニーズへのアプローチ＆トーク例

る商品だと仮定します。

　すると、このA生命は予定利率１％で生命保険の保険料を運用し続ける義務を負うことになります。たとえ、その後の運用がうまくいかなかったとしても、必ず約束した条件に従って保険金をお支払いすることになります。

　ただし、ここで勘違いしやすいのは、繰り返しになりますが、「予定利率＝金利」だと考えてしまうことです。予定利率１％と金利１％はまったく違います。

＜図表13＞A生命保険会社の例

A社　一時払終身保険　一時払保険料　1,000万円

経過年数	解約返戻金
1年後	985万円
5年後	1,005万円
10年後	1,050万円

　図表13では、A社の終身保険は10年で、払込保険料を解約返戻金が50万円上回っています。つまり10年で50万円増えたので、１年で５万円お金が増えたと考えると、次のようになります。

　５万円÷1,000万円＝年利0.5％（単利）

　この計算からも分かるように、「予定利率＝金利」ではないということです。「銀行の定期預金の金利は0.3％、生命保険の予定利率は１％だから生命保険で運用したほうがお得」と簡単に判断しないことが大切です。

　たとえば、５年後の解約返戻金は1,005万円なので、５年で5万円しか増えていません。１年で１万円お金が増えたという考え方をすると、年利0.1％（単利）。銀行の金利0.3％（複利）より低いので、予定利率が１％でも早い段階で解約した場合は、銀行の定期預金の方が有利だとい

73

うことが分かります。

（3）予定利率が高い＝返戻率が高い

　前項で、契約者に約束する運用利回りに触れましたが、予定利率が高ければ高いほど返戻率は上がっていきます。これは単純な話ですが、予定利率は生命保険の契約者に対して約束する運用利回りのことですから、運用利回りが高ければ高いほど、解約返戻金は運用されて増えていくので、返戻率が上がるのです。

　1980年から1992年の予定利率は5〜6％で、約0.25％の現在と比べると20〜30倍もありました。したがって、当時加入した貯蓄タイプの保険は、現在の保険に比べてとてもお金が増えて魅力的だったのです。これらの保険が〝お宝保険〟と呼ばれているのは、こんな理由からです。

（4）予定利率が高い＝保険料が安い

　予定利率が高いほど保険料が安くなります。つまり、運用で見込める利益は保険料の割引という形で還元するということです。掛け捨ての定期保険などでも同じことが言えます。

　これは「予定利率が高い⇒運用で利益を発生させる見込みがある⇒その分保険料が割り引かれる」という仕組みです。予定利率が高いと保険料が安くなり、貯蓄タイプの保険では返戻率が高くなるのです。

　したがって、金融庁が標準利率を変更した際には、保険会社は新規商品の予定利率も変更しなければなりません。消費者としては、標準利率を引き上げてほしいのですが、バブル崩壊後は引き下げられる一方です。予定利率が高い保険は保険料が安く、貯蓄型の保険であれば、将来戻ってくるお金が多いお得な保険と言えます。そして再三申し上げますが、予定利率は金利ではありません。

　それでは、現在皆さんが取り扱っている保険商品ですが、通常一時払

第3章●運用ニーズへのアプローチ&トーク例

保険の予定利率は、加入時の予定利率を保険期間終了後まで適用します。保険期間中に予定利率が下がった場合でも、加入時の予定利率が適用されるので安心です。一方、平準払保険の場合には最低保証利率があり、その保証利率は守られますが、月々の予定利率は、他国の国債等の利率により変動します。

　ここで予定利率と標準利率の違いを簡単に説明します。予定利率とは生命保険の契約者に対して約束する運用利回りのことですが、標準利率は金融庁が保険会社に対して設定している予定利率の目安とする運用利回りのことです。そして、保険会社はこの標準利率をもとに自社商品の予定利率を決定します。

（5）市場価格調整

　保険の内容を説明するうえで最も理解されにくく、また説明しづらいのがこの「市場価格調整」です。

　市場価格調整とは、保険を途中で解約した際に戻ってくる解約返戻金が、解約時の市場金利に応じて増減する仕組みのことです。市場金利が契約時に比べて高い場合は減少し、反対に低い場合は増加します。保険期間中に解約した場合の解約返戻金の額が分からないため、契約時点で解約返戻金が決まっている商品と比較して分かりづらいと言えます。

　外貨建て保険のような市場価格調整が導入されている商品は、解約返戻金の額が提案時点では分からないため、なぜ市場価格調整の仕組みを導入するのか、そもそもの仕組みをお客様にしっかりと伝えることが大切です。

　つまり、債券価格は金利が上昇すると低下し、金利が低下すると上昇するという、債券と金利の関係（債券投資の金利変動リスク）をお客様に理解していただくことになります。

　具体的には、次のように説明します。

仮に金利３％の国債を100万円保有していて、翌年金利５％の国債が販売されたら（金利の上昇局面）「今すでにお持ちの３％の国債の魅力は薄れますよね」「一般的には５％の国債を購入したがるので、３％の国債は100万円から値下げしないと売れませんよね」などと説明し、金利変動リスクへの理解を促します**（図表14）**。

　そして、債券投資の金利変動リスクを理解してもらった後に、「外貨建て保険商品の場合も、保険会社は契約者に支払うための保険金（責任準備金）は債券を中心に運用するので、同じように金利変動リスクが生じます」と伝えるとよいでしょう。

　次は、ある保険会社の市場価格調整の計算式です。解約日積立利率は事前の計算はできませんが、保険の運営上必要な仕組みであることを正確に説明してください。

①解約日が更改日の場合

市場価格調整額＝０

②①以外の場合

市場価格調整額＝解約日の保障基準価格[※1]×（（a）－（b）＋0.5％）×解約日における残存期間

（a）＝解約日における残存期間[※2]に応じた市場価格調整率[※3]

（b）＝契約日または直前の更改日のいずれか近い日における残存期間[※2]に応じた市場価格調整率[※3]

（※１）保障基準価格とは一時払保険料を積立利率で運用した価格

（※２）残存期間は次に到来予定の更改日までの期間で月単位で計算

（※３）保険会社が定める市場価格調整率は、所定の日における指標金利に残存期間に応じた補正を行った利率

　保険を解約または円建て終身保険に移行する場合、運用資産（債券）の価値の変化を解約返戻金に反映させること指します。具体的には契約

時点よりも市場金利が高くなると市場価格は下落し、逆に、契約時点よりも市場価格が低くなると市場価格は上昇します。したがって、解約返戻金は市場金利の状況により増減することとなります。

＜図表14＞債券投資の金利変動リスク

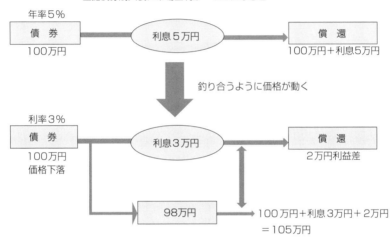

（6）解約控除の水準に関する説明

次に、解約控除について説明します。外貨建て一時払終身保険を解約すると解約返戻金が戻ってきます。しかし、保険料の支払期間が短いと解約返戻金から解約控除金が差し引かれます。これを「解約控除」（解約控除額）といいます。

解約返戻金は、保険の解約や失効の場合に保険契約者に返還されるお金のことで、「解約払戻金」や「解約返還金」とも呼ばれます。支払う保険料の一部は生命保険会社の経費に充てられるため、一般的に、保険契約を解約するまでの期間が長いほど、解約返戻金（解約返戻率）は多

くなります。なお、保険料が10年以上払い込まれた場合は、解約控除が行われないのが一般的です。

　解約返戻金が支払われる際に、解約返戻金の元本から市場価格調整および解約控除が差し引かれたものが解約返戻金となることをお客様に説明してください。

　次に、ある保険会社の解約控除率を２種類示します（**図表15**）。

＜図表15-①＞解約控除率Ａ

経過年数	1年未満	1年以上2年未満	2年以上3年未満	3年以上4年未満	4年以上5年未満	5年以上6年未満	6年以上7年未満	7年以上8年未満	8年以上9年未満	9年以上10年未満	10年以上
解約控除率	10%	9%	8%	7%	6%	5%	4%	3%	2%	1%	0%

＜図表15-②＞解約控除率Ｂ

経過年数	1年未満	1年以上2年未満	2年以上3年未満	3年以上4年未満	4年以上5年未満	5年以上6年未満	6年以上7年未満	7年以上8年未満	8年以上9年未満	9年以上10年未満	10年以上
解約控除率	8%	7.2%	6.4%	5.6%	4.8%	4%	3.2%	2.4%	1.6%	0.8%	0%

　また、お客様が解約する際、円に交換する場合は為替リスクがあることも併せて説明します（目標達成後に解約した場合、解約控除は適用しない）。

　通常、外貨建て終身保険は解約控除を設定していることが一般的ですが、中には解約控除を徴収しない、あるいは設定しない商品もあります。これは，加入時に初期費用として７％程度の費用が控除されるので、皆さんが提案する保険商品がどちらに該当しているのかを確認してください。

費用が契約の入り口でかかるのか、出口でかかるのか（10年以上経過していたり目標到達した場合には、解約控除が差し引かれた金額となる）という問題になりますが、たとえば1,000万円の保険料で7％の初期費用を控除された場合は、930万円が運用原資となります。一方、解約時に解約控除がかかる場合は、運用原資が1,000万円となりますが、運用結果に影響を及ぼすこともあるので注意が必要です。

5．予定利率等のトーク例

（1）予定（積立）利率についてのトーク例①

お客様：外貨建て一時払終身保険の予定（積立）利率は、定期預金と比較しても高くて魅力的だね。

担当者：確かに定期預金と比較したらとても高いですね。預金にしても円建て終身保険にしても、マイナス金利の影響で予定（積立）利率はとても低いですよね。なおさら、外貨建て一時払終身保険の予定（積立）利率の高さが目につきますよね。

お客様：アメリカドル（以下、米ドル）の商品とオーストラリアドル（以下、豪ドル）の商品とがあるけど、どちらが高いの？

担当者：現在は、豪ドルの方が予定（積立）利率が高いので人気があります。

お客様：どうして、豪ドルの方が予定（積立）利率は高いの？

担当者：オーストラリアは世界有数の資源大国であり、天然資源に恵まれていることから、輸出取引が堅調で安定した国家だからなんです。

お客様：オーストラリアは資源大国なんだ。知らなったよ。

担当者：最近は中国へ多くの資源を輸出しているので、中国経済の動向によって輸出量の変動が出てきていますが、いまだに高い予定

（積立）利率を維持しています。

お客様：そうなんだね。米ドルはどうかな？

担当者：米ドルも気になりますよね。米国ではシェールガス革命が起こっており、旧来型の天然資源国であるオーストラリアを脅かす存在になっています。また利上げも騒がれているので、米国経済の環境が良いことを示していると思います。

お客様：確かに米国の利上げは騒がれているね。

担当者：そうなんです。アドバイスさせていただくなら、リスク分散をするのであれば、豪ドルは米ドルと対比していることもありますので、両国の商品を持つことをお勧めいたします。

（2）予定（積立）利率についてのトーク例②

（固定で月単位で更改される場合）

お客様：先日、定期保険の満期手続きのときに教えてくれた保険のことを、もう一度教えてもらえないかな。

担当者：はい。外貨建ての保険ですね。この保険は、海外の債券や株式に投資する保険で、日本の保険よりも予定（積立）利率が高いので人気があります。

お客様：へえ～、どれくらいなの？

担当者：豪ドルですと○％、米ドルですと○％です。

お客様：豪ドル、米ドルともに日本円の利率よりかなり高いね！

担当者：そうなんです。オーストラリアは天然資源国で輸出が堅調、アメリカは失業率の安定で景気が安定してきています。

お客様：それぞれの国の景気は安定しているんだね。

担当者：そうなんです。だからこれだけ高い予定（積立）利率です。しかし、この高い予定（積立）利率ですが、単純にお預かりした

金額がこの予定（積立）利率どおり増えるわけではありません。

お客様：そうなんだ。

担当者：保険料の内訳には、死亡したときの保険金の財源となる死亡保険料、保険会社の諸経費をまかなう付加保険料、そして運用の原資となる積立保険料で成り立っています。この積立保険料に対して、予定（積立）利率が乗じられます。したがって、保険料全体に対して乗じるわけではないんです。

お客様：そうなんだ。知らなかったよ。

担当者：そして、この予定（積立）利率は、毎月見直されますが、加入時の予定（積立）利率が積立保証期間中維持されます。

（平準払いの場合）

担当者：そして、この予定（積立）利率は、毎月見直されますが、○％は最低保証されていますので、とても高い利率が維持できます。

お客様：それは安心だね。

担当者：ただし、為替リスクは常にありますのでご注意ください。円高となった場合には、そのままの通貨としてお持ちいただき、円安になった場合に円に換えていただければ、そのリスクは大幅に減らすことが可能です。

お客様：よく分かったよ。

（3）市場価格調整のトーク例

お客様：予定（積立）利率の説明についてはよく分かったけれど、この市場価格調整って何なの？

担当者：この市場価格調整とは、保険期間の中途で解約して保険料である投資資金を回収するとなった場合に、投資している通貨の国

81

債の金利に連動させる仕組みのことです。

お客様：投資している通貨の国債の金利に連動させる仕組みってどういうこと？

担当者：そうなんです。債券の運用をされているとご存じの方も多いのですが…。

お客様：私は債券で運用したことがないので、少し詳しく教えてください。

担当者：たとえば、年率３％の債券を100万円購入したとしましょう。そうすると償還時には103万円になって償還されますが、途中で年率５％の債券が販売され、100万円購入すると償還時には105万円となります。そこで、年率３％で購入した債券を売却しようとすると、すでに５％の債券が販売されている訳ですから、年率５％と同じ条件以上でないと売却できません。したがって、年率３％の債券の債券価格を100万円から98万円に下げることによって、この債券の償還額は３万円ではなく２万円下げた分を加算して５万円となるわけです。そうすると、年率５％の債券を購入した方と同条件となり、購入する方が出てきます。

お客様：債券の動きが分かったよ。

担当者：最初のうちはなかなか理解が難しいかもしれません。しかし、契約時よりも市場金利が高くなった場合には、解約返戻金が低くなり、その逆に契約時よりも市場金利が低くなった場合には、解約返戻金が高くなります。

お客様：なるほどね。

担当者：ほとんどの外貨建て一時払終身保険で市場価格調整が適用されるようになっていますが、10年目、20年目などの節目に解約しても市場価格調整をかけないという保険もあります。

お客様：そうなんだ。よく分かったよ。

第3章●運用ニーズへのアプローチ&トーク例

（4）解約控除の水準についてのトーク例

お客様：この外貨建て終身保険の予定（積立）利率はとてもいいね。

担当者：はい。豪ドル建て、米ドル建ての商品は、日本の保険商品と比較しても非常に利率が高いんです。魅力的だと思いませんか？

お客様：そうだね。でも外貨の商品だからちょっと怖いね。

担当者：怖くはありませんよ。リスクを正しく理解していただければまったく恐れることはありません。

お客様：そうなんだ。ちなみにどんなリスクがあるの？

担当者：はい、まずは為替リスクです。為替リスクはどの外貨商品でも必ずつきまとうものですが、円高となった場合には、そのまま外貨として保有していただきたいと思います。それまでは高い利率で運用していますので、外貨としては必ず増えていきます。したがって、円高になった場合には円に換えずにそのまま外貨として保有してください。円安になったときに円に換えていただければ、そのリスクは大幅に減少します。

お客様：なるほど。円高になったときには少し我慢すればいいんだね。

担当者：そうですね。もう一つのリスクには解約控除というものがあります。

お客様：解約控除？ 解約控除って何？

担当者：解約控除とは、ご契約いただきました保険を保険期間の期中で解約や円建て終身保険に移行された場合に生じるものです。

お客様：具体的にどうなんですか？

担当者：はい。契約日から解約日または円建て終身保険に移行日までの年数が10年未満の場合には、契約日からの経過年数に応じた契約控除率を基本保険金額（一時払保険料）に乗じ、その金額を（解約控除額）を市場金利の変動状況を変動させて計算した市場価格調整から控除します。具体的な解約控除率は、こちらの

83

表の通りとなっています（**図表19**）。ただし、解約控除がかからない外貨建て保険もございます。

お客様：そうなんだ。そっちの方が得なんじゃないの？

担当者：確かに解約控除がないとそのように思われますが、保険加入時に契約時費用として〇％を控除されます。これは運用元本が減ることを意味します。

お客様：どちらにしても、費用はかかるんだね。

担当者：費用はかかりますが、費用とリスクを把握していただければ、円より高い利率を享受できます。

＜図表19＞解約控除

経過年数	1年未満	1年以上2年未満	2年以上3年未満	3年以上4年未満	4年以上5年未満	5年以上6年未満	6年以上7年未満	7年以上8年未満	8年以上9年未満	9年以上10年未満	10年以上
解約控除率	10%	9%	8%	7%	6%	5%	4%	3%	2%	1%	0%

5．為替手数料等の説明方法

（1）為替手数料と外貨建て一時払終身保険

　お客様が、外貨建て保険料を円貨または他の外国通貨で用意する際には、為替手数料が必要となることを理解してもらいます。それでは、為替手数料の説明をする前に、外貨建て一時払終身保険のメリット・デメリットを整理しておきます。

　①外貨建て一時払終身保険のメリット

　・日本円より高い金利の通貨で運用するので貯蓄性で有利

　日本は低金利のため、円建てより金利の高い外貨で運用したほうが有利です。

　・予定利率が高いので保険料が安い

予定利率が高いと割引率は高く保険料は安くなり、予定利率が低いと割引率は低く保険料は高くなるというシーソーの関係にあります。終身保険や養老保険、個人年金保険など貯蓄性のある保険ほど、予定利率の高低が保険料に影響します。

・満期時・解約時に契約時より円安になっていれば、為替差益が上乗せされる

外貨建て保険は為替リスクがあるため、ハイリスク・ハイリターンの商品となります。もちろん為替が円安、外貨高になると受け取れる金額が増えます。

・資産を外貨に分散できる

投資をしていくうえで分散投資を考える人も多いでしょう。その一つとして、保険としての保障を得ながら外貨の資産を持つこともできます。満期保険金や解約返戻金を外貨のまま保有することもでき、外貨資産として活用することもできます。

②外貨建て一時払終身保険のデメリット

・為替が円高になると受け取る金額が減る

外貨で満期保険金や解約返戻金を受け取る場合、円高（外貨安）になると、思っていた金額よりも低くなる可能性があります。

・商品が分かりにくい

外貨建て保険は為替変動によって受け取る金額が大きく変わるのが特徴です。外貨への投資経験がないお客様の場合、将来いくら受け取れるのか、円建ての商品より分かりにくいといえます。

・両替の際に為替手数料がかかる

通常、外貨と円を換算する際には為替手数料がかかります。たとえば、保険料を支払う場合に円から外貨へ換算するときは、為替リスクに加えて為替手数料が発生します。

為替手数料がかかることは、デメリットと言わざるを得ませんが、こ

のデメリットを理解してもらえれば、逆にお客様にもメリットが生じることになります。

③為替相場の理解

まずは「為替相場」です。外国為替市場と言った場合、通常は金融機関同士の取引であるインターバンク市場での外貨の交換取引を指します。広い意味では、金融機関以外の企業も参加するオープン市場での取引を指すこともあります。その交換比率が為替相場です。

たとえば、「為替相場が1ドル＝120円」というときは、1ドル紙幣を手に入れるには120円必要だということを示しています。為替相場は、誰かが値段を決めているものではなく、参加している投資家がその通貨を「欲しい」「いらない」という需要と供給により決まります。

為替市場は特に市場という場所があるわけではなく、コンピュータ端末上の市場で24時間取引されています。

④ＴＴＳ・ＴＴＢ・ＴＴＭとは

お客様が外貨建て一時払終身保険に加入する場合、まずは日本円をその通貨に両替します。また、運用の終了時にその通貨を日本円に戻す場合にも両替します。これらの日本円と外貨を両替する時に適用する為替レートが対顧客電信相場です。

ＴＴＳ（Telegraphic Transfer Selling rate：対顧客電信売相場）は私たち金融機関がお客様に対して外貨を売る際の交換比率、一方、ＴＴＢ（Telegraphic Transfer Buying rate：対顧客電信買相場）は私たち金融機関がお客様対して外貨を買う際の交換比率です。ＴＴＳやＴＴＢは、インターバンク市場などの取引値を基準にして、金融機関が為替交換手数料を考慮して自由に決めています。

外貨建て一時払終身保険には「保険料円入金特約」「円支払特約」「定期支払金を円により支払う場合の特則」の特約があり、それら特約適用時のＴＴＭ（Telegraphic Transfer Middle rate：仲値）は、保険会社

第3章●運用ニーズへのアプローチ＆トーク例

所定の金融機関の外貨交換レート（ＴＴＳ）と円交換レート（ＴＴＢ）の中間値を使用するケースがあります。

　また、一般的に使用されている「外貨入金特約」のレートには為替手数料が含まれており、特約適用時にはお客様の負担となります。この特約適用時のレートは、保険会社が指定する金融機関から提供されるベンチマークを基準として計算レートを適用しています（**図表16**）。

＜図表16＞保険会社が使用するレート

運用通貨	保険料円入金特約のレート	外貨入金特約のレート	円支払特約・定期支払金を円により支払う場合の特則のレート
米ドル	TTM＋50銭	豪ドルの対円為替レート−25銭 米ドルの対円為替レート＋25銭	TTM−50銭
豪ドル	TTM＋50銭	米ドルの対円為替レート−25銭 豪ドルの対円為替レート−25銭	TTM−50銭

（2）為替の仕組み

　①為替レートの決まり方

　外国為替の取引レート（為替レート）はどのように決まるのでしょうか。基本的に外国為替取引は相対取引（取引するもの同士が直接取引）です。為替レートもお互いが合意すればいくらでもいいわけです。

　しかし、それでは参考になる価格が多すぎてよく分かりません。そこで、通常は「インターバンク市場」という銀行同士が取引する外国為替市場での為替レートを基準価格としています。このインターバンク市場では、銀行やディーラーなどが為替取引を行い、株式（株価）と同様に需要と供給により通貨同士の交換比率（為替レート）が決まります。

　②変動相場と固定相場

　外国為替（通貨）では、変動相場を採用している通貨と固定相場を採用している通貨があります。日本などの先進国の通貨は基本的に変動相

87

場を採用しており、市場の需給によってレートが変化します。

　一方の固定相場を採用している通貨は、各国の通貨当局が為替市場に介入して為替レートの変更を原則上下１％の範囲内に抑えています。そのため、基本的に為替レートの変動はありません。発展途上国の通貨に多いですが、中国の人民元も固定相場を維持しています。

　③為替レートの変動要因

　そこで、為替レートはどんな理由で変動するのでしょうか。

　為替レートはそれぞれの国の経済力（通貨の強さ）を示すと言われています。円高になるということは、少ない円で外国通貨と交換ができるということで、つまり円の力が強いということです。為替レートが変動する大きな要因には、次のようなものがあります。

　・金利差
　・経済力の強さ・成長性
　・政治的安定さ
　・実需

　それでは、主な為替変動要因の仕組みをまとめます（**図表17**）。ドル安（円高）の要因は次の通りです（**図表18**）。

　・ドルの需要減少（日本の輸出の増加等）
　・政治（アメリカに不利な出来事）
　・戦争の終結
　・投機的要因
　・政府法人の発言
　・為替市場の介入
　・前述の要因を受け止める心理

＜図表17＞為替の変動要因

経済的要因	景気	他国より経済成長率の高い国は、一般的に通貨高となる傾向がある
	株価	他国より株式相場が堅調な国は、一般的に通貨高となる傾向がある
	貿易	貿易黒字の拡大、輸出の増大は、一般的に通貨高となる傾向がある
	投資動向	海外からの投資の増加は、一般的に通貨高の要因となる傾向がある
政治的要因	金融政策	政策金利の引上げ（2国間の金利差の拡大）は、一般的に通貨高の要因となる傾向がある
	要人発言	各国首脳や金融当局の発言が為替相場に大きく影響を及ぼすことがある
	戦争・テロ	戦争やテロなどが起きると、その国の通貨が大きく下落したり、リスク回避的な動きにより安全性の高い通貨が買われたりする傾向がある
	為替介入	自国に不利な為替相場の変動を是正するために、政府が大規模な通貨の売買を行うことがある
その他の要因	自然災害	経済の停滞や政治の混乱を招き、通貨安になる可能性がある

＜図表18＞ドル安（円高）の要因

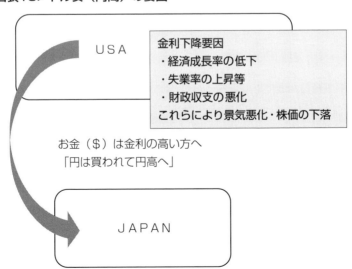

基本的には通貨の需要と２国間の金利差といった２つの要因が為替に大きな影響を与えます。なお、この**図表18**の逆（たとえばアメリカの金利上昇）は、ドル高（円安）となります。

（3）為替リスクの説明方法

　①最低保証制度のパターン

　外貨建て終身保険は、生命保険には一般的に「定額保険タイプ」と「変額保険タイプ」があります。これらの生命保険商品には、「為替リスク」と「相場変動リスク」等が保険料をマイナスにしてしまう可能性があるものが存在しています。そこで資産運用型保険には、そういった事態を防いでくれる「最低保証制度」が設けられています。

　最低保証制度には、満期が来たときや中途解約をしたときに保険料を保証するパターンと、死亡事故が発生し遺族などに死亡保険金が支払われる場合に保険料を保証するパターンの２つがあり、保険商品によって保障内容は様々です。

＜満期時や解約時に保険料を保証するパターン＞

・10年後に円建てでの保険料を100％保証するタイプ
・15年後に円建てでの保険料を105％保証するタイプ
・10年後に外貨建てでの保険料を100％保証するタイプ

＜死亡事故時に保険料を保証するパターン＞

・死亡保険金として円建ての保険料を100％保証するタイプ
・死亡保険金として、外貨建ての保険料を100％保証するタイプ
・死亡時に遺族が受け取る年金について、外貨建てでの保険料を130％保証するタイプ

　このように、資産運用型保険には保険商品や保険料、契約者の年齢や性別などによって様々なものがあります。

　②最低保証制度の仕組み

第3章●運用ニーズへのアプローチ&トーク例

　これは、他の金融商品や資産運用商品では考えられないことです。外貨預金、株式、投資信託などの金融商品なら、負けたら負けた分だけ損失となるのが当然ですが、生命保険には保険料を保全する仕組みがあります。

「そんなことが本当にできるの？」と思うかもしれませんが、ほとんどの保険商品では、最低保証制度に備えて「保険関係費」などの名目で保険料に対し年0.5～1.5％程度の金額が保険料から差し引かれています。その金額を保険会社が運用して備える仕組みです。

　年１％なら10年間で10％を徴収されますが、10％のコストで場合によっては、50％、100％の保険料が保証されることになるので、保証額としては非常に膨大です。仮に１億円の外貨建て変額保険に加入した場合、リーマンショックなどの株価暴落で、時価が5,000万円、3,000万円に下落しても、損失分の5,000万円、7,000万円を保険会社が保証してくれることになります。

　③為替相場と円転のタイミング

　平準払保険の場合、たとえば「積立利率の最低保証が○％、毎月見直されます」という商品が多いので、円建て商品では考えられないほどの積立利率が最低保証されており、毎月見直しがされることで、他国の経済状況が良ければさらに積立利率が上がるため、長く保有すればするほど運用できる商品です。

　しかし、為替にはリスクがつきものです。加入した保険を円転する場合に円高だと資産が目減りする可能性はあります。したがって、円高の場合は運用外貨で保有しておき、円安になってからお客様に円転の案内をするのがよいでしょう。

　一方、一時払保険は、保険商品によって半月または１ヵ月に１回の割合で積立利率が見直されます。まずは、お客様に案内したときの積立利率がどう変動しているかをよく説明します。一時払保険は、加入時の積

91

立利率が保険契約を保有している限り継続しますが、満期や解約の際に円高か円安かをよく見極める必要があります。あまりにも円高となっている場合には、そのまま外貨で保有し、円安になってから円に換えるアドバイスが為替リスクを軽減させます。

（4）為替リスクの軽減方法

①為替の変動と損益の発生

外貨建て投資をしている人にとって為替の変動は、株価と同様に一喜一憂の原因です。為替に興味のない人でも、海外旅行に出かける前は毎日為替レートを確認していると思います。

そして実際、海外旅行に行くときは円高になってほしいと思っているはずです。なぜなら、同じ金額で多くの物が買えるし、食事も奮発できるからです。一方、外貨建て投資をしている人には、円安になった方が計算上の円の金額が増えるので望ましいでしょう。

為替レートとは、2つの異なる通貨の交換比率のことです。そして為替リスクとは、為替レートが変動することで為替差損が発生する可能性のことです。一般的にリスクとは、自分にとって悪い影響が起きる可能性のこととされていますが、投資の世界では将来の不確実性のことを呼んでいます。

さきほど「計算上の円の金額」と書きましたが、外貨建て投資をしていると、日々の為替レートの変動で計算上の円の金額は増えたり減ったりしますが、この増減は投資を清算しない限り机上の計算です。たとえば1ドル＝100円のときに、10,000ドル投資して、105円になったり95円になったりすると、計算上は1,050,000円や950,000円になり、売却すると50,000円の利益や50,000円の損失が確定します。専門的にはこれを「実現する」と呼びます。

為替の予想は専門家でも難しく、〝じゃんけんの勝ち負け〟のような

ものくらいに思っていた方がよいかもしれません。ただ、為替の動きにハラハラさせられたくないなら、為替リスクを軽減する手段を検討することになります。

②ドルコスト平均法と購買力平価説

為替リスクを低くする手段の一つに、「ドルコスト平均法」というのがあります。これは、買付け単価を低くすることによって為替差損を被る可能性を低くするというもので、「定額購入法」とも呼ばれます。たとえば、平準払いの外貨建て終身保険に加入する場合、毎月20,000円保険料を払うなら、為替レートの高低にかかわらず20,000円ずつ購入します。これにより、円高のときは多くの外国通貨が購入でき、円安のときは少なくなりますが、これを継続して行うことで結果的に平均購入レートが有利になるというものです。

ただ、この方法は下落局面が長いと損失がどんどん膨らむため、市場が反転するまで待てるかどうかがポイントとなります。それが「購買力平価説」です。購買力平価説とは、為替レートは自国通貨と外国通貨の購買力の比率によって決定されるというものです。

皆さんもニュースなどで、マクドナルドのビッグマックが世界の都市でいくらで売られているかという「ビッグマック指数」というのを聞いたことがあると思います。これは、長期的には同じモノの価格は同じになる為替レートに落ち着くという考え方です。

英国エコノミスト誌が公表するビッグマック指数によれば、2017年7月時点の米国での平均的なビッグマックの価格は5.06ドル、日本では370円です。これが均衡するレートを計算すると370÷5.06=73.12となり、この説によれば、2017年7月時点の110円前後というレートは異常な円安で、いずれ73.12円に向けて円高に進むというものです。

あるいは、現在の為替レート1ドル＝110円を利用すれば、5.06 × 110 ＝ 557円となるので、日本のインフレがいずれ進んで503円になると

いうものです。

③購買力平価の根拠

　これには根拠があります。それは、「インフレ率が高い国の通貨は下落する」というものです。1ドル=100円で、米国のビッグマックが4ドル、日本のビッグマックが400円と仮定しましょう。米国のインフレ率は2％で、日本のインフレ率が1％とします。1年後、米国のビッグマックは4.08ドル、日本のビッグマックは404円になりました。

　しかし、1ドル=100円のままだと、日本の方が安くビッグマックが食べられるので、日本でビッグマックを食べようとします。するとドルを円に換えるため円の需要が上がります。しかし、日本の人は1ドル=100円では米国でビッグマックが食べられなくなるので、簡単には売りたくありません。そのため需要と供給が拮抗する地点、99.02円近辺で落ち着くというものです。

　あまりに単純化した説明ですが、長期的には一定の幅に為替レートは収まるというのは説得力があります。この話を聞くと思い出すのが、高金利通貨の債券です。たとえば、ブラジルレアルやトルコリラの債券などは年利8％もあります。しかし、これらの国のインフレ率も同じように高いのです。インフレを抑えるために金利を上げるため、このような高金利になるのです。満期時の為替レートいかんでは大成功する可能性もありますが、通貨が下落する可能性も高いため難しい投資でしょう。

　しかし、この購買力平価説には批判的な意見もあります。実際、為替リスクは円高に振れたときの為替差損について語られることが多いですが、円安に振れたときはどうでしょうか。2017年7月時点で1ドルは約110円前後。2011年には75円台を付けていますから、大変な円安になっています。テレビのニュースなどでは、円安で輸出企業の好調ぶりが伝えられ、株価も上がり、円安のほうが日本経済には好ましいと一般に理解されています。

第3章●運用ニーズへのアプローチ＆トーク例

④円安のマイナス効果

一方で、かつてほど円安は日本に好影響を与えるわけではないとも言われています。身近な例として、最近食料品の値段が高いと感じませんか。日本は食料やエネルギーの多くを輸入に頼っているため、円安になるとこれらの価格が上がります。また、海外旅行のガイドブックを見ると、すべてのものが高いと感じます。ニュージーランド、オーストラリア、シンガポールのガイドブックに目を通しましたが、スーパー等の商品だけでなくコーヒーなども高いと感じます。

そうです、円安になると国力が衰えていると感じるのです。さらには日本の財政状態が著しく悪化していることや、少子高齢化で年金原資が不足し、いずれ日本は破綻するのではなどと不安をあおる記事も少なくありません。2015年夏にギリシャが一時的に銀行からの預金の引出しを制限し、ＡＴＭに並ぶ長蛇の列が報道されましたが、日本もいつかこうなるのではと不安を覚えた人もいたことでしょう。

そこまで極端でなくても、円安になると手元の円の価値が低くなるわけですから、そのリスクをヘッジするという考えがあってもいいと思います。国内では給料も年金も日本円で支払われます。もし円が高くなれば、世界的な購買力は強いので少々の為替差損は目をつぶれるでしょう。しかし、円安があまりに進んでしまうとインフレで生活物価が上昇し、日々の生活を直撃するのです。

⑤為替リスクを軽減する方法

長くなりましたが、一般的にリスクを軽減する方法として、「通貨の分散」、「資産の分散」、「時間の分散」の3つがあります。

通貨の分散は、一国の通貨だけではなく、複数の国の通貨に分散投資をすることで資産価値の目減りを抑える効果がありますので、豪ドルの保険に加入されているお客様がいれば、米ドルの保険も提案する価値はあるのではないでしょうか。

95

資産の分散は、運用を1種類の資産に限定せず、値動きが異なる商品を組み合わせて運用することで、経済環境の変化による資産価値の変動リスクの軽減が可能になります。

　時間の分散は、一度に多くの保険に加入するのではなく、時期を分けて加入することにより購入単価の平準化を可能にすることです。したがって、外貨建て平準払終身保険では活用したい方法です。

　外貨を持たないとそのようなリスクがあることにも目を向けて、自分の人生設計のために外貨建て終身保険で運用を考えてみる時期が来ていることをお客様に案内してください。

（5）為替の見通しについての説明方法

①断定的判断の提供とは

　外貨建て終身保険のように、為替相場等により利回り・運用実績が変動するリスク商品については、「正確に予見することができない将来の結果についての判断が間違っていないという断定的なセールストークを使用してお客様を勧誘すること」（断定的判断の提供による勧誘）は金融商品取引法で禁止されています。

　たとえば、「為替の見通しはどうですか？」というお客様の質問に対して、担当者が「今後は緩やかに円安傾向が継続すると言われています。1年後にはおそらく1ドル120円くらいまでは円安になると思います」というように、あたかも1年後の為替相場が1ドル120円になると答えてしまうと、「断定的判断の提供」にあたる可能性があります。

　これと似たような例で、投資信託において「この投資信託の利回りはどのくらいになるの？」というお客様からの質問に対して、「これまでの運用実績から見て、7％の利回りは確実です」というように、あたかも最低7％の利回りが確保されているかのように答えると、やはり「断定的判断の提供」にあたる可能性があります。これまでの運用実績で、

たとえ７％の利回りを下回る局面がなかったとしても、将来にわたって７％の利回りが保証されるかどうかは分からないからです。

②誤解を招くような説明は厳禁

お客様と金融機関の担当者との間には、保険以外にも外貨預金や投資信託に関する商品知識や相場動向、その情報量等に差があるのが一般的です。そこで、知識や情報量の少ないお客様は、金融機関の担当者の情報提供やアドバイスを参考にしながら、最終的には自己責任において外貨建て終身保険や外貨預金そして投資信託を購入するかどうかの判断をすることになります。その際、「１ドル○○円になると思います」「○％の利回りは間違いありません」というような断定的な判断により勧誘すると、お客様の正確な判断を誤る可能性があるため、避けなければなりません。

金融機関の担当者は、たとえ自分の投資判断に自信があったとしても、決して断定的判断を提供してはいけません。また、断定的判断とは、不確実であることをあたかも確実であるかのように誤解させるような「決めつけ」を意味しており、決めつけを行うような内容であれば「絶対に」「必ず」などの言葉を使わなかったとしても断定的判断にあたるので注意が必要です。

なお、消費者契約法によれば、お客様が金融機関の担当者から提供された断定的判断の内容が確実と信じて投資信託を購入した場合は、その契約を取り消すことができることになっています。

そもそも外貨建て終身保険等のリスク商品については、絶対・確実はないということを十分に認識したうえで、お客様に誤解を与えることのないよう、言動に心がけることが求められます。

本ケースについては「為替の見通しについて、はっきりしたことは申し上げられません。○○研究所が今月発表したレポートによれば、昨今の景気環境から、円ドル相場は当面、円高には向かわないだろうとの予

想が述べられています。ただ、必ず予想通りになるわけではないので注意してください。また、外貨建て終身保険にとって為替相場は非常に重要な要因のため、お客様ご自身が集めた情報に基づき、ご自身の相場観でご判断ください」などの回答が妥当と思われます。

6．為替手数料等のトーク例

（1）為替手数料についてのトーク例

お客様：外貨建て保険の保障内容についてはよく分かりました。ところで、加入するときにかかる為替手数料って何ですか？

担当者：為替手数料は「為替コスト」とも呼ばれ、外貨を金融機関と売買するときにかかるものです。これは、通貨を交換するときに支払う手数料で、具体的には外貨現金や外貨預金、外国債、外国投信、外国株、外国為替証拠金取引などで、円から外貨、または外貨から円、および外貨から外貨に替える際に必ず発生します。

お客様：外国の金融商品にはかかるんですね。

担当者：一般に為替手数料は、取引する対象によって異なります。外国為替証拠金取引が一番安いのに対して、一番身近な外貨預金は高めです（為替手数料は外貨預金では、TTBとTTM、TTSとTTMの差のことをいい、片道〇銭といった具合に表示）。また、証券会社の外国債券や外国株式などについてもかかりますのでご注意ください。

お客様：なるほどね。

担当者：なお、外貨投資の収益を考える際には、為替手数料を考慮して「利回り計算」をする必要があり、また為替手数料の水準も金融機関によって大きな差があるため考慮します。外貨建て保険

はこのようにレートで換算されます。人気が高い米ドル・豪ドルについては87頁の図表の通りです（**図表16**）。

お客様：ありがとうございます。

担当者：ただし、目標設定型の保険の場合、目標設定値を105％、110％とし、目標に到達した金額については為替手数料等が差し引かれ、お客様のお手元に残る金額が5％、10％増えたものが残りますのでご安心ください。

お客様：為替手数料についてよく分かったよ。ありがとう。

（2）為替の仕組みについてのトーク例

担当者：本日はご来店いただきましてありがとうございます。

お客様：今回も定期預金を継続しようかと思って…。

担当者：ありがとうございます。

お客様：ところで金利はどのくらいなの？

担当者：○％になります。

お客様：ずいぶん低いんだね。

担当者：はい。マイナス金利の影響で、どこの金融機関も同じような金利です。

お客様：長生きしたいけど、お金の面を考えると不安でね…。

担当者：やはり不安な方が多いようですね。お客様ご自身が長生きされるのなら、お金にも長生きをしてもらったらいかがでしょうか？

お客様：お金に長生き？

担当者：そうです。具体的には外貨の金利で資産を増やせば、結果として資産も長生きできるんです。ぜひ、外貨建ての資産をお持ちになってはいかがですか？

お客様：外貨建ての資産は、為替が変動して損が出るんじゃないの？

99

担当者：確かにお客様のおっしゃる通り、為替差損が発生する可能性は
　　　　ありますが、逆に為替差益が発生する可能性もありますし、何
　　　　といっても、円よりも高い金利を享受することができます。ま
　　　　た、通貨を分散することで資産を守ることも期待できます。

お客様：そういう考えもあるね。

担当者：外貨建ての資産をお持ちいただくことで、お客様は円の財布と
　　　　外貨の財布の２つをお持ちいただくことになります。

お客様：２つの財布か…あまり実感が湧かないけど、どういうこと？

担当者：これから先、資金が必要になった場合には、その時々で有利な
　　　　お財布をお使いいただけます。

お客様：それはいい考えだね。

担当者：円安であれば外貨のお財布を、円高であれば円のお財布をお使
　　　　いください。２つのお財布を持つことで、お客様の選択肢が増
　　　　えることにもなります。

お客様：せっかくだから話だけでも聞いてみようかな。

（3）為替リスクについてのトーク例

担当者：次回も定期預金にされる場合は、現在の金利は○％になりま
　　　　す。

お客様：そうだね、金利も本当に低くなったよね。

担当者：マイナス金利の影響で、なかなか円の金利で資産を増やすこと
　　　　が難しくなりました。将来的には、消費税の増税やインフレも
　　　　考えられるなか、お手持ちの資産を取り崩すだけだと「足りる
　　　　かどうか心配だ」とおっしゃるお客様も結構いらっしゃいます
　　　　が、○○様はどうお感じですか？

お客様：確かにそうだね。でももう仕方がないと思ったりして…。

担当者：そうですよね。漠然とした不安をお持ちのお客様も多いです

第3章●運用ニーズへのアプローチ＆トーク例

　　　ね。実は定期預金の満期を迎えるお客様で、将来に不安をお持
　　　ちの方にご案内しているお話がございます。

お客様：どんな話なの？

担当者：海外の高金利を活用するというものです。日本の金利は低いで
　　　すが、海外に目を向けると比較的高い金利で運用することがで
　　　きます。

お客様：外貨はリスクがあるんでしょ。ちょっと怖いね。

担当者：そうですよね。外貨だと為替リスクがあって何となく不安です
　　　よね。そんな不安な為替リスクを抑える方法が２つあるんで
　　　す。

お客様：２つ？

担当者：そうなんです。一つは「時間」です。十分な時間的な余裕を
　　　もって運用するということです。ただし、単に長期間にわたり
　　　運用すればリスクを減らせるわけではありません。そこでもう
　　　一つの「金利」の活用です。外貨での運用期間にしっかりと金
　　　利がつくことが大事です。「時間と金利を味方につける」と言
　　　います。時間だけでもダメ、金利だけでもダメなんです。

お客様：時間と金利を味方にねぇ…。

担当者：はい。この両方を味方につけることが大事なんです。時間と金
　　　利を活用した商品なら比較的安心してご購入いただけます。な
　　　ぜなら、外貨での運用期間に目標の利益が出た場合、これを確
　　　保して自動で円に切り替えてくれる商品もございます。こうし
　　　ておけばさらに安心ですね。

お客様：最近はそんなことができる商品があるんだ。それなら確かに安
　　　心だね。

担当者：はい。目標設定でタイミングを逃すことなく運用できます。

お客様：それでは、話だけでも聞いてみようかな。

101

７．運用通貨別・為替水準の説明方法

（１）米ドルの為替水準

　米ドルは、世界の通貨取引の約42％と圧倒的な取引量で影響力の強い通貨です。また、アメリカの経済力や通貨価値が安定していることなどから「基軸通貨」と呼ばれ、ニュースなどから得られる情報が豊富で、為替取引の判断材料も多くあります。

　また「有事のドル買い（戦争・紛争など有事の際には米ドルを買っておけば安心）」という言葉もあるほど、信頼性の高い通貨です。しかし、近年では同時多発テロやイラク戦争、2007年のサブプライム問題などアメリカが当事者になる事件が多発しており、以前ほどの信用力はありません。

　米ドルの対円相場は、2004年から2007年にかけて、低金利の円を借り入れ高金利通貨に交換して運用する、「円キャリートレード」が活発化し、米ドル高・円安が進みました。しかし、124円台をつけた2007年6月以降は、リーマンショックを契機にリスク回避の動きが強まり、円は避難通貨として買われたことで、米ドル安・円高に転換しました。

　ＦＲＢ（連邦準備制度理事会＝アメリカの中央銀行）が米ドルの政策金利を5.25％から0.25％まで連続して引き下げたこともあり、100円を割り込む水準へと米ドル安・円高が加速しました。その後も、2010年のギリシャ危機などで動きは止まらず、東日本大震災が発生した2011年10月には75円台をつけました。

　長らく続いた米ドル安・円高トレンドに変化が生じたのは、原発停止によるエネルギー資源輸入の増大に伴い、2012年に日本の貿易収支が赤字に転じたことでした。安倍政権が誕生した2012年末以降は、「アベノミクス政策」や日銀による「異次元緩和」を受け、米ドル高・円安とな

り、100円台を回復。2014年10月には日銀の追加緩和と同時に、ＧＰＩ
Ｆ（年金積立金管理運用独立行政法人）が外国債券、外国株式の運用比
率を高めると発表したことから一段と米ドル高・円安が進行し、2015年
６月に125円台をつけました

　日本の貿易赤字は2014年がピークで、足許では原油安もあり赤字額は
大幅に縮小しています。過去３年と異なり年初から米ドル安・円高と
なっている理由として、貿易収支による需給の変化が挙げられます。ま
た、米国当局からは経済成長を抑制するとして米ドル高が指摘されてお
り警戒感が強まっています。

　さらに、2016年１月末に日銀が発表した「マイナス金利政策」は、銀
行の貸出額より預金額が超過している日本においては、可処分所得の減
少により消費が減退し、中期的にはデフレに逆戻りし米ドル安・円高が
懸念されています。

　2017年12月中旬においてＦＲＢは３度目の利上げ（0.25％）を発表
し、さらには2018年においても３度程度の利上げ予定であることを鑑み
ると、アメリカ経済は順調でさらなる米ドル上昇も期待でき、今後も円
安傾向となるでしょう。

（2）豪ドルの為替水準

　豪ドルは、オーストラリア連邦（以後、オーストラリアという）で使
用される通貨で、資源国通貨（コモディティ通貨）とも呼ばれます。
オーストラリアは、鉄鉱石や石炭などの鉱物資源や農産物などが豊富で
主要な輸出品としており、豪ドルは原油や金、鉄といった資源価格の変
動に強く影響を受けます。

　また、豪ドルは海外からの投資を促すために高い金利を維持していま
す。対円相場は、2000年10月に56円台の安値をつけてからは、①政策金
利が主要先進国と比較して高いこと、②主要輸出品である石炭・鉄鉱

石・金などの商品価格が上昇したこと、③主要輸出先である中国の経済成長が著しかったことに加え、相対的に低金利である円を借り入れ為替市場で高金利通貨に交換して運用する、「円キャリートレード」が活発化し、円安となったことなどを背景に、2007年には108円手前まで豪ドル高・円安が進みました。

　しかし、世界的な金融危機となったリーマンショックを契機にリスク回避の動きが強まり、豪ドル安・円高方向に転換、資源国通貨である豪ドルは、商品市況などの影響も強く受けて、高値からわずか1年足らずでほぼ半値の55円台まで下落しました。

　豪州準備銀行（以下、ＲＢＡ）は景気回復に向け、主要国の中でも積極的に金融緩和を進め、7％だった政策金利を1年後には3％へ引き下げました。利下げしたとはいえ、主要国と比べて金利が高く資金流入が続いたことや、中国など新興国の経済成長が高まり資源に対する需要が再び拡大したことなどから、豪ドル・円相場は持ち直し、2011年4月には90円台を回復。2012年秋以降は「アベノミクス政策」や日銀による「異次元緩和」を受け、2013年4月には105円台まで上昇しました。

　ところが、中国の景気減速傾向が明らかになり、鉱物価格や原油価格の下落が鮮明になると、再び豪ドル安・円高方向に転換。インフレ懸念の低下からＲＢＡは再び利下げを開始し、政策金利は2％台へと低下、経済成長を妨げる豪ドル高を回避したいＲＢＡ総裁の豪ドル高牽制発言も相まって、2015年には82円台まで下落しました。

　2015年5月に政策金利を2.0％へ引き下げたのを最後に、ＲＢＡは8ヵ月連続で政策金利を据え置き、豪ドルの対ドル相場は2015年央以降、保ち合いを続けています。ＲＢＡは2017年12月に公表した金融政策報告で2017年の成長率が潜在成長率近くの水準に達した後、2018年には3～4％に成長が加速するとの見方を示しました。またＲＢＡ総裁補佐は同時期に鉱業が盛んとなり、経済全体を押し上げることになるとの発表を

見ても、アメリカと同様に順調であると言えます。

　一方、対円では2012年秋から始まった「アベノミクス相場」のスタート水準を下回ってきています。米ドル・円相場での円高の影響が強く、年を通じて円高地合いとなるものと予想します。

（3）米ドル・豪ドルについてのトーク例

担当者：先日ご案内させていただきました、外貨建て保険はいかがでしたか？

お客様：案内してもらったけど外貨で運用したことないから、ものすごく不安なんだよね。

担当者：初めてですから不安になりますよね。ご存じの通り、2016年4月にマイナス金利の影響を受け、円建て保険のご提供が非常に困難な環境となっています。

お客様：そうだよね。定期預金を含めて日本の保険商品で運用するメリットが少なくなったよね。

担当者：外貨でしたら、今でも日本と比較すると高い金利を維持しています。少し外貨についてのお話をさせていただいてもよろしいですか。特に人気がある、アメリカドル（以下、米ドル）、オーストラリアドル（以下、豪ドル）についてご説明させていただきます。

お客様：頼むよ。大事な資金を運用したいからね。

担当者：ありがとうございます。それでは簡単にご説明いたします。ご存じだと思いますが、外国のお金といえば、最も親しみがあるのが米ドルです。一般的に取引の多い通貨を主要通貨といいます。中でも世界の中央銀行の外貨準備高の約65％が米ドルです。そのため、米ドルは基軸通貨と呼ばれています。

お客様：世界各国の外貨準備高の約65％が米ドルなんだね。

担当者：米ドルが国際間の貿易に最も利用されています。日本でも貿易取引の大部分を占めています。したがって、世界中で圧倒的な地位にあり、非常に人気がある通貨です。

お客様：人気がある理由が分かったよ。

担当者：一方の豪ドルですが、主要通貨と比較して非常に高い金利を保持していることで人気があります。また、資源国であることも大きな理由なんです。

お客様：資源国だと何で人気があるの。

担当者：資源国ということは、原油高などにも対応力が高く、インフレに強いとされているからです。また、オーストラリアは、観光大国としてもその地位を確固たるものにしています。豪ドルを運用するお客様は、単に資産を増やす目的ではなく、旅行や永住先の候補としているようです。

お客様：米ドル、豪ドルの人気の理由がよく分かったよ。

（4）為替リスクの軽減方法についてのトーク例

担当者：いらっしゃいませ。本日は、どのようなお手続きでございますか？

お客様：定期が満期になったので、継続をお願いしようと思って。

担当者：定期預金のご継続ですね。ありがとうございます。ちなみに現在の金利は１年定期で0.010％になります。今回、1,000万円お預けいただくと、税引後のお利息は約800円となります。

お客様：ずいぶん少ないね。何とかならないかな？

担当者：円預金ではこのくらいのお利息になってしまいます。「昔のような高い金利は無理でも、せめて１〜２％は欲しい」というお客様は多いですね。外貨の商品でしたら、２％として１年後○○円、３年後○○円、５年後○○円くらいのお利息がつくもの

第3章●運用ニーズへのアプローチ&トーク例

もございます。

お客様：外貨は為替の変動があるから不安なんだよ。

担当者：多くのお客様がそうおっしゃいます。「良いタイミングで売れ
　　　　なかったので損をした」という話はよく耳にします。売り時を
　　　　逃すと損することがあるので怖いですよね。しかし、そのよう
　　　　な為替リスクを軽減できる方法があるんです。

お客様：そんな方法があるんだ。どうすればいいの？

担当者：はい「増やす」ことを前提にしながら、為替リスクを上手にコ
　　　　ントロールするのです。

お客様：そうなんだ。具体的に教えて。

担当者：3つの分散方法を活用し為替リスクを軽減します。1つ目は
　　　　「通貨の分散」です。一国の通貨だけではなく、複数の国の通
　　　　貨を保有することで、資産価値の目減りを抑えます。2つ目は
　　　　「時間の分散」です。金融資産の購入時期を分けることで、購
　　　　入時の単価を平準化させます。3つ目は「資産の分散」です。
　　　　運用を一種類に限定せず、値動きが異なる資産を組み合わせて
　　　　運用することで、経済環境の変化による資産価値の変動リスク
　　　　の軽減を図ります。為替リスクをなくすことはできませんが、
　　　　このような方法でリスクを軽減させることができるので、ぜひ
　　　　当行の外貨建て保険をご提案させていただけないでしょうか？

（5）為替の見通しについてのトーク例

担当者：○○様、こんにちは。ご来店いただきましてありがとうござい
　　　　ます。

お客様：こちらこそよろしく。

担当者：早速ですが、先日のお話の続きをさせていただきます。お客様
　　　　の退職金定期2,000万円が満期を迎えましたが、引き続き定期

預金にされますか？

お客様：定期預金か…　考えてみると金利が0.010％だよね。

担当者：そうなんです。マイナス金利の影響で金利が0.010％なんです。

お客様：何か良い商品はないかな？

担当者：外貨建て終身保険はいかがでしょうか。豪ドル建てや米ドル建てが人気です。

お客様：外貨建て終身保険ねぇ。興味はあるんだけど、まだ一度も保険に入ったことがなくて…。

担当者：定期預金に比べて外貨建て終身保険は予定利率が高いですから、有利に運用できる点で魅力ありますよね。

お客様：どのくらいなの？

担当者：当行でお勧めしている豪ドル建ての終身保険ですと、予定利率が○％です。その他、為替相場に応じて利回りが高くなるチャンスがありますから、大変有利な商品です。

お客様：外貨建て終身保険の内容が、今一つ理解できていないんだよね。為替相場と利回りとどういう関係があるの？

担当者：簡単に言いますと、満期時の為替相場が預入時よりも円安になると、定期預金としての表面利率に加えて為替差益が生じるので、表面利率は以上に高く（または目標金額に早く到達）なります。反対に満期時の為替相場が円高になると為替差損が生じるため、受け取れる金額が減ることになります。場合によっては、元本割れということもあります。

お客様：満期時の為替相場次第ということか。要は円安になれば高い利回りが得られるということだね。

担当者：おっしゃる通りです。

お客様：ところで、先行きの為替相場の見通しはどうなるの？　担当者だったら経済情勢に詳しいだろうから、分かるでしょ。

担当者：○○研究所の資料によりますと、為替相場は比較的安定的に推移していましたが、今後は緩やかに円安傾向が続くとされています。1年後には、おそらく1ドル115円くらいにまで円安になり、それ以降も継続的に円安傾向になると思われます。

お客様：120円か…そのくらい円安になるなら、安心して外貨建て終身保険に加入できるね。

（6）相続対策としての外貨建て保険セールスのトーク例

設　定：70歳の男性が奥様と子供3人の定期預金の満期手続きのため来店。定期預金3,000万円、自宅本人名義、保険未加入。

担当者：定期預金の満期のお手続きは以上となります。ところで、今皆さまにご紹介しているのですが、平成27年1月から相続税が増税されたのはご存知ですか？

お客様：テレビやニュースで言ってたね。

担当者：そうなんです。これを機に相続対策に関心をお持ちになる方が増えているんです。お客様のご資産もゆくゆくは相続されるのですよね？

お客様：まだ、あまりピンとこないね。資産といっても自宅と預金が少しあるだけで、相続対策なんて大げさだよ。

担当者：そんなことはございません。お客様のように、この地域にご自宅がおありだと、相続税がかかるケースが多いんですよ。

お客様：そうなんだ。税金の話は難しくてよく分からないな。

担当者：よろしければ、相続税の改正とその影響について簡単にご案内させていただけませんか？

お客様：構わないよ。

担当者：相続税については、ここまでは税金がかからないというボーダーラインがあるのですが、これを基礎控除と言います。聞か

れたことはございますか？

お客様：聞いたことはあるよ。

担当者：実は、税制改正で基礎控除が「3,000万円＋600万円×法定相続
　　　　人の数」に減額されてしまいました。法定相続人というのは通
　　　　常、配偶者とお子様ですが、お客様は何人になりますか？

お客様：妻と子供3人だから、法定相続人は4人だね。

担当者：では、お客様の場合ですと5,400万円を超える財産には相続税
　　　　がかかります。

お客様：そうなんだ。

担当者：当行の預金3,000万円に他行の預金それにご自宅を合算すると、
　　　　おいくらくらいになりますか？

お客様：自宅の評価は正確には分からないけど、1億円くらいかな。

担当者：金融資産を1億円と仮定すると法定相続人が4人ですから262
　　　　万円の相続税がかかります。

お客様：そんなにかかるの？

担当者：そうなんです。なので相続税の負担を抑えて、その分お子様に
　　　　多く引き継ぐ対策を取られる方が増えているんですよ。

お客様：なるほど…。

担当者：相続税は、相続財産が多いほど高くなるので、相続財産を上手
　　　　に減らすことが相続税の軽減にもなります。手軽にできて効果
　　　　の高い相続税対策として「生命保険の非課税枠」と「生前贈
　　　　与」の活用という2つの方法がありますので、ご紹介させてく
　　　　ださい。

お客様：ぜひ、お願いします。

担当者：まず「生命保険の非課税枠」についてですが、生命保険で受け
　　　　取った保険金のうち、「500万円×法定相続人の数」までは非課
　　　　税、つまり税金がかかりません。お客様の場合「500万円×4

第3章●運用ニーズへのアプローチ&トーク例

人」ですので2,000万円になります。

お客様：へえ～。

担当者：たとえば、相続財産のうち2,000万円を生命保険に置き換える
ことで、課税対象となる財産を8,000万円に減らすことができ
ます。相続税は、262万円から137万円に減らすことができます
よ。この場合、多くのお客様が選ばれるのが、定期支払金特約
が付帯された外貨建て終身保険なんです。

お客様：定期支払金特約が付帯された外貨建て終身保険？

担当者：そうです。この保険は、円建てより予定利率が高い外貨で運用
する終身保険です。そして、毎年定期支払金として○○万円を
受け取ることができますので、旅行費用やゴルフ代に充当する
ことができますね。しかし、この保険は外貨建てですので、為
替リスクが発生します。

お客様：そうなんだ。

担当者：そしてもう一つの対策として、今注目されているのが生前贈与
です。聞かれたことがありますか？

お客様：聞いたことあるけど、良く分からないな。

担当者：こちらは、生前贈与を活用した相続対策のイメージです。相続
税は、亡くなったときの財産に対してかかりますので、元気な
うちに資産の一部をお子様に移しておけば、その分の相続財産
が少なくなり相続税も少なくなる、ということです。

お客様：なるほど。元気なうちに子供に財産を渡して身軽になるという
ことだね。

担当者：おっしゃる通りです。それが生前贈与です。しかも、贈与にも
年間110万円の基礎控除がありますので、この枠を利用すれば
贈与税もかかりません。

お客様：なるほど。

111

担当者：さらに、この基礎控除は贈与を受ける人ごとにあるので、たとえば110万円を4人のご家族全員へ贈与すると1年間で440万円を贈与税がかかることなく贈与できます。

お客様：それで…。

担当者：これを10年続ければ、4,400万円の相続財産を減らすことができきます。できるだけ多くのご家族に、できるだけ長く贈与を続ければ、それだけ相続財産を減らすことができるんです。

お客様：そういうことになるね。

担当者：ですので、今あるご資産のうち、ゆくゆくはお子様に渡すとお考えのご資金があれば、生前贈与の活用をお考えになられてはいかがですか？

お客様：それはいいかもしれないね。

担当者：ただ、贈与したお金はお客様のお手元を離れますので、お子様が自由に使うことができますが、その点についてご心配はありませんか？

お客様：確かに、子供に渡すとすぐに使ってしまいそうだから心配だ。

担当者：そうおっしゃる方がとても多いんです。せっかく贈与されたお金ですので、大切に使ってほしいですよね。そこで贈与したお金の受け皿として有効なのが、生命保険なのです。

お客様：生命保険？

担当者：そうなんです。お子様が保険契約者となり、被保険者がお客様、保険金受取人をお子様にしていただき、贈与されたお金を保険料に充当していただくと、相続発生時の納税資金としてご利用できますので、○○様の思いとマッチします。先ほどは、定期支払金特約を付帯する外貨建て終身保険をご案内しましたが、このプランは、円建て終身保険で運用すると確実に円で運用しますから、為替リスクが発生せず、保険金も確実に受け取

第3章●運用ニーズへのアプローチ＆トーク例

ることができます。

お客様：それなら安心だね。今度、子供たちに話してみるよ。

担当者：ありがとうございます。生前贈与についてはお子様方にもご理
　　　解いただく必要がありますので、次回はぜひご一緒にご来店く
　　　ださい。非課税枠を活用するための具体的な商品をご紹介させ
　　　ていただいてもよろしいでしょうか？

お客様：そうだね。お願いしようかな。

第4章

年金ニーズへの
アプローチ&トーク例

1. 個人年金保険の特徴

（1）個人年金保険とは

　個人年金保険は、公的年金の補完など老後資金の準備を目的として、定められた時期から終身や一定の期間、年金が支払われる商品です。最近では、運用商品として一時払いの個人年金保険に加入する人が増えています。

　金融機関では、平成14年10月から解禁された商品種類（第2次解禁）で、第3次以降に解禁された終身保険などと比較すると販売規制も少ないため、窓販の主力商品となっています。

　個人年金保険は、加入してから年金給付が開始するまでに被保険者が死亡した場合は、死亡保険金が支払われる死亡保障があります。年金給付が開始した後は、様々な形で年金として支払われます。

（2）個人年金保険の仕組み

　個人年金保険は、契約者が払い込んだ保険料を積み立て、将来、年金として受け取るという仕組みです。積立期間中は保険会社が運用し、利息のような形で受け取ります。したがって、「積み立てた預金を将来取り崩す」ことと基本的には同じです。

　国民年金（基礎年金）や厚生年金のような公的年金の場合の給付の財源は、若い世代が支払う保険料です。このような若い世代の保険料を給付に充当する方式を「賦課方式」と言いますが、個人年金保険は、自ら積み立てたお金を後で受け取るという積立方式です。

（3）個人年金保険提案の基本

　お客様の年齢により、すでにセカンドライフを送っている人、これか

ら準備する人など様々です。配偶者の有無や年齢、子供の有無や人数・年齢、そして両親の生死や年齢といった家族構成を聞いてから、いつどんな準備が必要かなどのアドバイスができれば、お客様の納得できるプランが可能になります。

　何といっても外せないのが、お客様がサラリーマンか自営業者かということです。サラリーマンの場合、公的年金の給付開始年齢とリタイアする年齢により老後資金の準備額が変わってくるので、まずこの点を押さえておきます。それ以外にも、入ってくるお金と出ていくお金の種類と金額など、老後の収支について把握しておくことが重要です。

　一方、自営業者の場合は、公的年金がサラリーマンより少なく退職金もないため、自助努力による老後資金づくりの必要性を伝えることが大切す。

2．個人年金保険の種類

　個人年金保険には次のような種類があります（**図表20**）。

<図表20>個人年金保険の種類

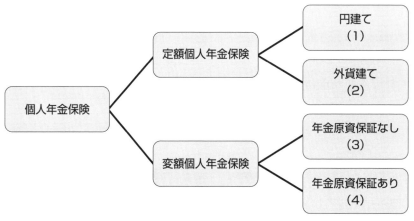

（1）円建て定額個人年金保険

　定額個人年金保険は、一般的な個人年金保険で契約時に年金額が決まっている保険です。一時払いとして保険料を支払うか平準払い（全期前納払い、年払い、半年払い、月払い）として支払うかをお客様が選択します。もちろん一時払いの方が利回りは高くなります（**図表21**）。

　平準払保険は、後述する個人年金保険料控除（いくつかの条件がある）が適用されることもあり、多くのお客様のニーズを満たせる商品です。前記2種類とも保険会社一般勘定（運用実績にかかわらず一定の支払いの保証があるタイプの保険商品の資産を管理・運用する勘定）で運用されます（**図表22**）。

　この保険の円建てタイプは、日本円でやり取りするので、とても身近で分かりやすい商品です。また、保険金などで支払われた現金がそのまま使用できるので、外貨のように日本円に両替する際の為替リスクの影響を受けず、契約時に将来受け取る年金額が決まっているので、非常に安心です。

　しかし、円だけでやりとりをする保険のため、インフレや円安で円の価値が下がった場合、支払われた保険金などが目減りするリスクは生じます。また、最大のネックは、主に日本国債で運用するため、外貨建て商品よりも予定利率が低いことです。

＜図表21＞定額個人年金保険（一時払い）

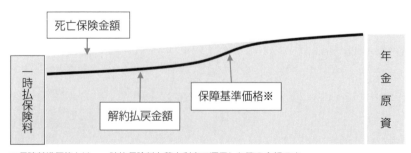

※保障基準価格とは、一時払保険料を積立利率で運用した際の金額です。

<図表22>定額個人年金保険（平準払い）

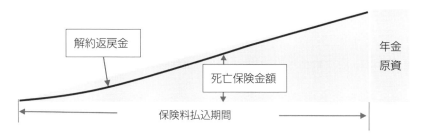

（2）外貨建て定額個人年金保険

　外貨建て定額個人年金保険は外国債券で運用するので、加入時の外貨で運用すると、外貨ベースでは確実に増えます。指定通貨で年金を受け取る場合には為替リスクは生じませんが、年金開始時には保険会社所定の円換算レートが変動することで、円換算後の年金原資は変動（増減）します。死亡保険金や解約返戻金についても同様です**（図表23）**。

　この商品の魅力は、外貨で運用するため円建て個人年金保険よりも高い予定利率が確保できる点です。人気は豪ドル、米ドルで運用する商品に集中しています。また、ユーロや最近ではニュージーランドドルで運用する商品も販売されています。

　外貨建て商品の利率が高いのは、主にその国の国債で運用しているからです。保険会社は、支払われた保険料を基に得られる収益額を見込み、その分を保険料から割り引きますが、この割引率が予定利率となります。そのため、予定利率が高いほど保険料が安くなります。

　しかし、外貨建て商品は保険料を外貨で支払い、年金の原資も外貨となるため、外貨として受け取る年金額は決まっていますが、円転の際に為替相場の影響を受けるため、受取額が大きく上下する可能性があります。

　また、期中で解約すると解約控除が差し引かれ、一時払保険料が大幅に減少する可能性もあります。

<図表23>外貨建て定額個人年金保険

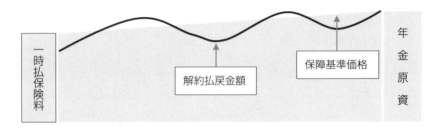

（3）変額個人年金保険年金原資保証なし

　この保険は、保険料を特別勘定で運用し、その運用実績に基づいて将来の死亡保険金額、解約返戻金および年金額等が変動（増減）する仕組みです（**図表24**）。したがって、将来受け取る年金額は、年金原資および年金受取開始日における基礎率等（予定利率、予定死亡率等）に基づいて計算されるので、加入時には決まっていません。

　特別勘定の資産は、主に国内外の株式・債券等に投資する投資信託等を通じて運用されるため、株価や債券価格の下落、為替の変動により受取りになる合計額が払い込まれた保険料を下回る可能性があり、損失が生じる可能性があるので、商品の選択には十分注意が必要です。

　年金原資が一時払保険料を下回った場合、その金額が年金原資金額となります。

<図表24>変額個人年金保険年金原資保証なし

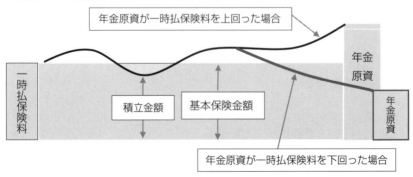

（4）変額個人年金保険年金原資保証あり

　この保険は、運用方法は前記と同じですが、年金受取開始日前日の積立金額―時払保険料（基本保険金額）を下回っていても、一時払保険料（基本保険金額）の100％を年金原資として年金を受け取ることができます（図表25）。しかし、年金原資の最低保証は積立期間満了をもって保証されるので、積立期間中に解約した場合や定額年金に移行した場合には、年金原資の最低保証はなくなる点に注意が必要です。

　年金原資が一時払保険料を下回った場合、年金原資は、最低年金原資金額として一時払保険料と同額となります。

＜図表25＞変額個人年金保険年金原資保証あり

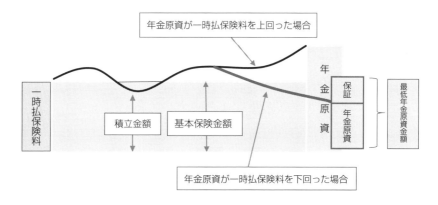

　変額個人年金保険は定額個人年金保険とは異なり、特別勘定で運用されますが、最近の変額個人年金保険の多くは、一時払保険料と同額を年金原資とする年金原資保証ありタイプとなりつつあります。

　また、変額個人年金保険も早期受取終身年金タイプ（最短で契約日の1年後より被保険者が生存している限り、一生涯にわたり年金を受け取ることができる商品）と目標設定タイプ（契約時に一時払保険料（基本保険金額）に対し目標値（110％、115％、120％等）を設定し、目標値に到達した時点でその金額が年金原資となります）などバリエーション

も豊富になってきています。

　まとめとして、これらの商品は、より利益を追求するハイリスク・ハイリターンの商品です。日本の景気が上向いているときなら大きなリターンが得られますが、逆に資産を減らしてしまうリスクもあります。確実な老後資金を確保するなら円建てタイプ、個人資産に余裕があるお客様なら外貨建てタイプでリターンを活用することができます。

3．個人年金保険税制適格特約

　せっかく、個人年金保険に加入しても条件が合わず、個人年金保険料控除が適用できないケースも散見されるため、契約前に次の５点をしっかり確認してください。

　①年金受取人は保険契約者またはその配偶者のいずれかであること

　契約者がご主人で年金の受取人が奥様の場合、この要件を充足しますが、奥様の受け取る年金は贈与税の対象となります。

　②年金受取人は保険契約者または被保険者と同一であること

　被保険者とは保障の対象者で、被保険者の年齢で保険料が計算されます。契約者がご主人で、被保険者・年金の受取人が奥様の場合、この条件を充足しますが、奥様が受け取る年金は贈与税の対象となります。

　③保険料の払込期間が10年以上であること

　５年払済みプラン、７年払済み等短期払済みプランで加入されたお客様は要件を充足しません。

　④年金支払開始日における被保険者の年齢が60歳以上で、かつ年金支払期間が10年以上であること

　早く年金の給付を受けたいと希望するお客様には（たとえば50歳、55歳で給付開始を希望するお客様）または、60歳から65歳までのつなぎ年金として加入したお客様は、要件が充足しないため個人年金保険料控除

の適用がされません。

⑤個人年金保険料税制適格特約を付加すること

この5つの条件を充足することが要件となりますが、前記の4点を充足した時点で当該特約が自動的に付帯されるわけではないので、注意が必要です。

本来、個人年金保険は、老後の生活資金の確保などを目的として、将来のある時期から積立分を年金として受け取る保険です。生命保険文化センターの平成28年度「生活保障に関する調査」のデータによると、ゆとりある老後を送るためには、夫婦で月額34.9万円が必要としています。したがって一般的な会社員では、毎月約11.6万円が不足することになります（図表26）。

<図表26>

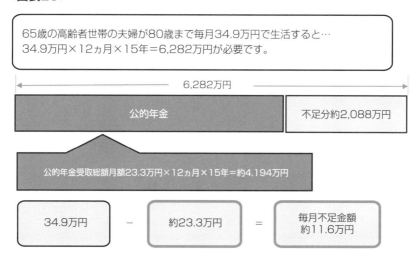

上図は平均標準報酬月額35万円、平均標準報酬額45万円のサラリーマンが厚生年金に40年加入（平成15年3月以前の加入月数を348ヵ月、平成15年4月以降の加入月数を132ヵ月）し、国民年金にも同じだけ加入した場合の例示です。計算にあたっては、平成26年度の価格を使用し物

価スライド率や加給年金額は考慮していません。

　したがって、1年でも早く加入してもらうことが、お客様の負担を減らすポイントとなります。しかし、最近では一定の収入がある高齢者や、現役で仕事（特に自営業者）をしても、65歳以上で加入するケースが多くあるようです。

4．個人年金保険料控除

　多くの人が「一般生命保険料控除」を利用していますが、「個人年金保険料控除」の利用率については50％未満です。そこで、この控除を活用することにより所得税・住民税の軽減を受けながら、将来のライフイベントやリスクに備えることができます（介護医療保険料控除も活用できる）（図表27、28、29）。

＜図表27＞【生命保険料控除】（介護医療保険料控除は、平成24年1月に新設）

控除の種類	対象となる保険商品の例	控除限度額 （年間保険料が8万円超の場合）	
		所得税	住民税
一般生命保険料控除	終身保険　など	40,000円	28,000円
個人年金保険料控除	個人年金保険　など	40,000円	28,000円
介護医療保険料控除	医療保険（注）　など	40,000円	28,000円
全　　体	−	120,000円	70,000円

（注）健康祝金が支払われる医療保険などは介護医療保険料控除の対象とならないことがある。また、身体の傷害のみに起因して保険金が支払われる医療特約は、生命保険料控除の対象とはならない。

　ただし、ここで注意しなければならないのは、一時払いで契約すると控除の対象にならない（一般生命保険料控除にはなる）ことです。個人年金保険料控除を適用するには、保険料払込期間が10年以上必要となります。

第4章●年金ニーズへのアプローチ&トーク例

個人年金保険料控除について、さらに詳しく見てみましょう。

＜図表28＞所得税（平成24年1月より）

1月から12月に支払われた保険料 （年間正味保険料）	保険料控除額
20,000円以下	支払保険料全額
20,000円超　40,000円以下	支払保険料×1/2＋10,000円
40,000円超　80,000円以下	支払保険料×1/4＋20,000円
80,000円超	一律40,000円

＜図表29＞住民税（平成24年1月より）

1月から12月に支払われた保険料 （年間正味保険料）	保険料控除額
12,000円以下	支払保険料全額
12,000円超　32,000円以下	支払保険料×1/2＋6,000円
32,000円超　56,000円以下	支払保険料×1/4＋14,000円
56,000円超	一律28,000円

個人年金保険料を年間8万円以上支払われた場合、所得税と住民税が軽減される目安は**図表30**の通りです。

＜図表30＞所得税と住民税の軽減額

課税所得金額(注)	所得税の軽減額	住民税の軽減額	年間軽減額合計
195万円以下	2,000円	2,800円	4,800円
195万円超　330万円以下	4,000円	2,800円	6,800円
330万円超　695万円以下	8,000円	2,800円	10,800円
695万円超　900万円以下	9,200円	2,800円	12,000円
900万円超　1,800万円以下	13,200円	2,800円	16,000円
1,800万円超	16,000円	2,800円	18,800円

（注）課税所得金額とはサラリーマンの場合年収から給与所得控除と所得控除を差し引いた金額

年収が多いほど、個人年金保険料控除の税軽減効果は高くなります。これらは年間の軽減額ですから毎年の控除を考慮すると大きなメリットがあります。参考に改正前の控除の仕組みを載せておきます（**図表31、32**)。

＜図表31＞所得税（平成23年12月まで）

1月から12月に支払われた保険料 （年間正味保険料）	保険料控除額
25,000円以下	支払保険料全額
25,000円超　　50,000円以下	支払保険料×1/2＋12,500円
50,000円超　　100,000円以下	支払保険料×1/4＋25,000円
100,000円超	一律50,000円

＜図表32＞住民税（平成23年12月まで）

1月から12月に支払われた保険料 （年間正味保険料）	保険料控除額
15,000円以下	支払保険料全額
15,000円超　　40,000円以下	支払保険料×1/2＋7,500円
40,000円超　　70,000円以下	支払保険料×1/4＋17.500円
70,000円超	一律35,000円

5．個人年金保険セールスのトーク例

（1）生命保険料控除からのアプローチトーク

（積立預金の増額で来店した35〜45歳の女性のお客様）

担当者：いらっしゃいませ。本日は、積立預金の増額にご来店いただきまして、ありがとうございます。

お客様：今、月々1万円積み立てているけど、3万円に増やそうかと

第4章●年金ニーズへのアプローチ＆トーク例

　　　　　思って…。

担当者：ありがとうございます。ちなみに何か目的があって増額される
　　　　のですか？

お客様：特に決まっていないけど、子供が小さいうちに貯めておきたい
　　　　のよ。

担当者：そうなんですね。お子様の教育費にお使いになられるのです
　　　　ね。

お客様：いいえ。教育費については別に用意しているの。

担当者：しっかりご準備されているのですね。○○様くらいの年代の女
　　　　性のお客様は、余裕資金をセカンドライフのために積み立てて
　　　　いる方が多いんですよ。一般的に女性の方が長生きですし、公
　　　　的年金は減額、受給開始は後ろ倒しなどのニュースが多いから
　　　　だと思います。公的年金以外に自身で用意しておきたいという
　　　　方が多いようです。○○様は、そのようなお考えはお持ちです
　　　　か？

お客様：そうね。公的年金だけじゃ足りないという話はよく聞くし、い
　　　　つかは考えなければとは思っていたのよ。

担当者：そうでしたか。ちょうどいい機会ですね。セカンドライフに向
　　　　けて資金準備をお考えのお客様向けに、当行でも様々なお手伝
　　　　いをさせていただいております。月々の積立をお考えの方に
　　　　は、積立預金以外にも投資信託や保険商品などをご紹介させて
　　　　いただいております。そのラインナップのなかから組み合わせ
　　　　て運用される方も多いのですが、なかでも個人年金保険は、加
　　　　入時の受取額が分かっているので、セカンドライフの資金作り
　　　　に最適なんです。しかも条件次第で税制面でのメリットもある
　　　　ので、必ず候補には入れていただくようにしています。

お客様：個人年金保険ですか？

127

担当者：はい。一定期間、たとえば1万円や2万円を保険料として積み立てていき、将来貯まったお金を年金または一時金として受け取っていただけます。また、円建て商品ですから為替リスクがなく安定的に運用できます。そして、預金とは異なり、条件を満たせば個人年金保険料控除により税金面で優遇されます。○○様は生命保険には加入されていますか？

お客様：入っているわよ。

担当者：それでは、個人年金保険には加入されていらっしゃいますか？

お客様：していないと思うけど…。

担当者：そうですか。それでは現在○○様は、生命保険の「一般の生命保険料控除」という税額軽減制度は活用されていると思いますが、「個人年金保険料控除」の枠は使われていないのですね。

お客様：そうなるわね。

担当者：その辺りも含めまして、具体的な商品のご提案をさせていただいてもよろしいでしょうか？

（2）退職金の運用からのアプローチトーク

（60歳男性のお客様）

担当者：○○様の定期預金が本日満期を迎えました。長らくお預けいただきまして、ありがとうございました。この定期預金のお使い途は、決まっていらっしゃいますか？

お客様：特に決まっていないよ。もう一度、定期にしておこうかな…。元が元だけに減らしたくないしね。

担当者：そうですよね。実は○○様と同じようにお考えのお客様が多くいらっしゃいます。マイナス金利が導入され、金利も大変低い水準になっています。そこで、当行からお客様にご案内させて

第4章●年金ニーズへのアプローチ＆トーク例

いただいている評判の良いお話がございます。

お客様：いい話があるの？ 気になるね。どんな内容？

担当者：はい。実は○○様も今後お受取りになられる予定の、公的年金
に関連するお話なのです。将来の公的年金には支給額が減ると
か、支給開始年齢が遅くなるとか、不安を感じているお客様が
多くいますよね。

お客様：確かに、自分も62歳から受けられるけれど、当初は少ない金額
で、65歳から満額になるという説明を会社から受けたよ。

担当者：そうですよね。少子高齢化が叫ばれるなか、ますますその傾向
が強まってきますね。でも、公的年金には大きな魅力が2つご
ざいます。ご存知ですか？

お客様：何だろう…。

担当者：はい。一つは、お給料のように偶数月の15日に2ヵ月分のお金
が定期的に入ってくるということです。ということは毎回使い
切っても、時期が来ればまた入金されるので、とても安心です
よね。

お客様：そりゃ、そうだよ。

担当者：そして、もう一つは、生涯にわたって受け取れるということで
す。一生涯受け取れるということを、何より安心と考える方々
が多くいます。○○様はいかがですか？

お客様：言われてみれば、そうだよね。でも、さっき金額や開始時期が
不安って言ってたよね。

担当者：そうなんですよ。あてにしていたお金が少なかったりしたら困
りますよね。そこで公的年金の、「決まった時期にお金を受け
取れる」「お金を取り崩すことなく一生涯にわたって保障され
る」という仕組みを○○様がお持ちの資金で作りませんか…と
いうことなんです。お話を進めてもよろしいですか？

129

お客様：もう少し聞いてみようかな…。

担当者：ありがとうございます。なお、この仕組みは（円建てで準備することできますが）より高利回りな外貨を使って、より多くのお金を受け取っていただく仕組みなのです。このままお話を続けさせていただいてもよろしいでしょうか？

お客様：外貨か…。リスクもあるでしょう。

担当者：確かに為替リスクはございますが、円より高利回りのため抵抗力が強く、損益分岐点もかなり低めです。「する・しない」はともかく、お話だけでも聞いていただけませんか？

お客様：だったら、少し聞いてみようかな…。

（意向確認へ…）

第5章

保障ニーズへの
アプローチ&トーク例

1. 収入保障保険の特徴

（1）収入保障保険とは

　収入保障保険とは、生命保険の一種（定期保険の仲間）で、契約者に万が一のことがあった場合、契約期間が終了するまで毎月給付金が支給される仕組みの保険です。支給額は加入時が一番多く、満期が近づくにつれて少なくなっていきます。

　加入から間もない時期に死亡した場合は、保険金の受取期間が長く（＝保険金額が多い）、満期が近づいて死亡した場合は、受取期間は短く（＝受取額が少ない）なります。収入保障保険は満期を過ぎると保障がなくなる掛け捨て型のため、年金形式の定期保険と考えると分かりやすいかもしれません。

　定期保険は満期が近づいても保険金額は変わりませんが、収入保障保険は年齢が上昇し死亡リスクが高まるにつれ、保険金額も少なくなっていきます。支払いリスクが上がると支払保険金額が減るため、保険料を安く抑えることができる保険商品なのです。「保険料を安く抑えることができる」という特徴から、次のようなケースに効果的です。

（2）収入保障保険の魅力

　①十分な貯蓄がなく収入が少ない家庭

　収入保障保険の魅力は、安い保険料で死亡保障が受けられることです。充分な貯蓄がなく、保険料の負担を軽減しながら、もしものときのために、死亡保障を準備しておきたいという家庭に向いています。

　②十分な貯蓄がなく小さな子供がいる家庭

　貯蓄に不安があり、小さな子供がいる家庭では、保険料の割に高い保障が得られる収入保障保険はぜひとも検討してほしい保険です。ただ

し、教育費の準備としては注意が必要です。

　子供の教育費は大学入学時が支出のピークとなります。まとまった資金が入ってくるわけではないので、通塾・受験費用や大学の入学金など、教育費が増える時期には対応しきれない可能性があります。

　子供が独り立ちするための生活費を担保する保険と考えるといいかもしれません。収入保障保険の特徴をまとめると、次のようになります。

・年金形式で毎月受け取ることができる
・低い保険料で大きな保障を準備することができる
・毎月保障が下がっていく

　それでは、次項で仕組図を見ながら説明します。

２．収入保障保険の仕組み

（１）収入保障保険のスキーム

　図表33は35歳の男性で保険期間25年、保険金額3,000万円の契約例です。

＜図表33＞収入保険の仕組み

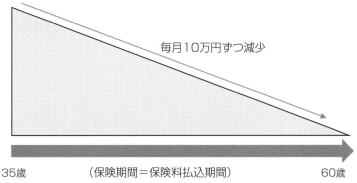

この契約の場合、契約した35歳時点では3,000万円の保障があります
が、時間が経つと年金を受け取れる期間が少なくなってくるので保障額
が減っていきます。その分保険料は安く設定されています。毎月お金が
受け取れるので、万一のことがあったときに、ご家族の生活費の保障に
は最適です。そして最低保証は2年になります。保険会社によって1年
から10年で設定します。

　また、基本は月々受け取るのですが、タイミングによっては一括で受
け取りたいケースがあると思います。たとえば大学の学費などで大きな
お金が必要なときがあります。その場合は一括して受け取ることも可能
です。ただしその場合は、月々受け取る総額よりも10％程度減らされて
しまいます。

　収入保障保険を仕事ができなくなったときに受けられる保障だと勘違
いしている人もいるので、お伝えしておきますが、冒頭でも説明したよ
うに収入保障保険は生命保険であり、病気やケガで仕事ができなくなっ
たときに保障が受けられるわけではありません。

　病気やケガで仕事ができなくなった場合の収入減を補うのは「所得補
償保険」または「就業不能保険」です。似たような名前なので間違えな
いようにしましょう。

（2）収入保障保険のメリット・デメリット

　まずは収入保障保険のメリット・デメリットからお伝えします。
それでは一つひとつ確認していきましょう。

　①メリット

　メリットとしてはまず、低い保険料で大きな保障を準備できることが
あげられます。前記の35歳男性の例でも、3,000万円の保障が月々3,000
円程度の負担で得ることができます。したがって、お子様が小さいなど
大きな保障が必要な人には活用してほしい保険です。

134

第5章●保障ニーズへのアプローチ&トーク例

　参考：収入保障保険は、たばこを吸わず健康な人の場合は割引になる制度があります。保険会社によって異なりますが、20〜35％割引になりますので、保険料の総額は大きく異なります。

　たとえば月々の保険料が5,000円の場合、20％下がれば保険料が4,000円となります。保険期間25年とすると「1,000円×12ヵ月×25年=300,000円」となり、総額で30万円安くなります。

　次のメリットとして、合理的に保障が準備できることがあげられます。収入保障保険の特徴の一つは、保障額がどんどん下がっていくことです。生命保険では必要保障額は年々下がっていきますが、それは現時点での必要な金額が必要保障額となるからです。何事もなく１年経てば、１年分の生活費や教育費が不要になるため、必要保障額が減少するのです。ですから、収入保障保険をうまく活用することが合理的な選択といえます。

　②デメリット

　デメリットとしては、まず必要保障額を間違えると保障が足りなくなるということです。生命保険の役割として、万が一のことがあったときに家族がしっかり生活でき、子供の学費を払っていけるなど経済的に困らないようにするというものがあります。

　通常生命保険に加入する場合、必要保障額を計算してからどのくらいの生命保険にするかを決めますが、加入の仕方を誤ると将来保障が足りなくなり、もし万が一のことがあったときに、大切な家族を守れなくなってしまいます。

　ただ、保障が足りなくなりそうになったら変換制度を使うことができます。必要保障額をしっかり計算していても、加入後に家庭の事情が変わり、保障を下げたくない場合があるかもしれません。たとえば、加入時点では子どもを大学まで行かせるつもりだったのに、子どもが大学院への進学を希望すると、新たな保障が必要になります。

135

その場合には「変換」という方法を使えば、その時点の保険金総額で固定して定期保険つまり、保険金額が一定額で変わらない保険に切り替えることができます。

　このように、収入保障保険のデメリットをカバーすることができるのが変換制度です。変換制度を使うと新規契約のような健康状態の告知は不要で、保障を維持することができます（**図表34**）。

＜図表34＞変換制度の仕組み

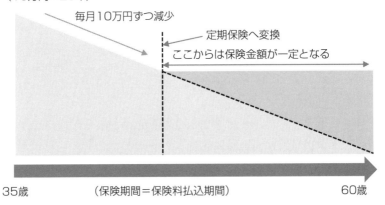

　また、もう一つのデメリットは、保障が期間限定なので期間を短くすると必要なときに保障が終わってしまうということです。収入保障保険はその期間までしか保障されない定期保険の一種だからです。

　保険会社によっては更新できる場合がありますが、保険料が一気に高くなってしまうので、収入保障保険を活用する場合にはライフプランニングを行い、将来いつまで保障が必要かを明確にしてから保険期間を決めることが必要です。

3．収入保障保険セールスのトーク例

　収入保障保険は、その仕組みをお客様に理解してもらえれば、保障の見直しをすることで、月々の保険料を低く抑えることが可能です。したがって、住宅購入等で月々の負担が増加するときが案内のチャンスです。

担当者：○○様、住宅のご購入おめでとうございます。新しいお住まいで大変うらやましいです。

お客様：どうもありがとう。やっと、念願の住まいを買うことができたよ。

担当者：本当におめでとうございます。でも、月々9万円住宅ローンの返済が始まりますね。

お客様：実はそれが不安なんだよ。妻と「これからは月々の支出を切り詰めないと」と話しているんだ。

担当者：そうですよね。何か支出を切り詰める手段はあるのですか？

お客様：飲みに行ったり外食をする機会を減らさないとね。

担当者：ところで、○○様。生命保険の見直しはされましたか？

お客様：生命保険？

担当者：そうです。生命保険です。

お客様：どういうこと？

担当者：はい、おそらく○○様は、万が一というときの生命保険には加入なさっていると思いますが、いかがですか？

お客様：もちろん、入っているよ。

担当者：そうですよね。一般的に生命保険料は月々5万円程度お支払されていると思いますが…。

137

お客様：妻が管理しているから把握はしていないけど、もっと支払っているんじゃないかな。
担当者：でしたら、保険料の負担を減らすことができるかもしれません。
お客様：どういうことなの？
担当者：「収入保障保険」という保険なのですが、これは、○○様が万が一や介護状態になったときに、年金方式で保険金を受け取ることができるんです。また、お子様の成長とともに教育資金や生活資金、そして住宅ローンは減っていきますので、年金受取総額を減らすことによって合理的な保険料で備えることができるんです（図表35）。
お客様：そういう理屈なんだね。今度、設計書を見てみたいね。
担当者：ありがとうございます。それでは設計書を作ってお持ちします。

＜図表35＞

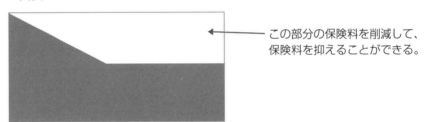

この部分の保険料を削減して、保険料を抑えることができる。

第6章

今売る保険の
アプローチ&トーク例

1．終身保険

（1）終身保険の特徴

　個人年金保険の部分でも触れましたが、生命保険には主に3種類あります。本章で取り上げる「終身保険」は死亡保険に該当し、万が一に備えることを目的としています。

　終身保険の「終身」とは、保険期間を「一生涯」に設定する保険という意味です。人間には寿命があるので、死亡保険金は必ず受け取れますし、高度障害になるような事故が起きた場合は、高度障害保険金を受け取ることができます。人の死亡時期は特定できないので、相続対策として加入することもあります。

　終身保険は、保険料の多くが将来の死亡保険金支払いに充当されるので、解約返戻金が発生します。しかし、ここ数年は予定利率が低いこともあり、保険料が高くなっています。当然、満期保険金はありませんが、最近は保険期間中に定期支払金を受け取れるタイプの終身保険も人気があります。

　またこの保険はバリエーションが多く、相続発生時の納税資金としてや、毎年の生前贈与を行いながら加入するなど非常に便利な保険であり、多くの金融機関で最も販売されている理由はそこにあります。

（2）終身保険の種類

①終身保険（健康告知あり）

　一時払終身保険はすでに記載した通り豊富なバリエーションがあります。その代表的なものを図示し特徴を説明します。この保険は終身保険の大票田です。一時払保険料を支払った後は一定の保険金額が残り、そして解約返戻金が増えていくタイプです（**図表36**）。

140

<図表36>一時払終身保険（健康告知あり）

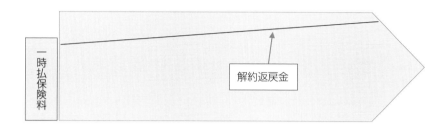

②定期支払金型終身保険

この保険は、1年後の応当日より定期支払金を受け取ることができます。したがって、毎年の旅行費用等に充当でき、増えた分をずっと受け取ることができます。また、万一の場合の死亡保険金は、一時払保険料相当額が支払われますので資産を残せて安心です（**図表37**）。

<図表37>定期支払金型終身保険

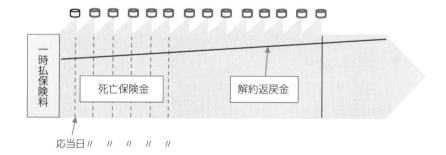

③積立金増加型終身保険

この保険は、期間10年、15年、20年などの積立利率保証期間があります。また、積立利率保証期間中の予定利率は一定で、積立利率保証期間ごとに積立利率が見直されます。そして、死亡保険金は毎年確実に増加します（**図表38**）。

<図表38>積立金増加型終身保険

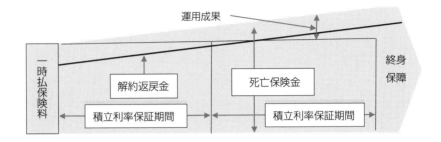

　これらの他にも毎年保険金額が増加するタイプや、5年ごとに保険金額が増額する逓増型終身保険があるので、お客様のライフワークやニーズをしっかり確認して提案する必要があります。

　<告知義務について>
　これら①～③の保険には、契約時にお客様より健康告知をしてもらう必要があります。通常の告知内容は次の通りです。

・最近3ヵ月以内に入院したことがあるか
・過去5年以内に精神疾患・認知症で医師の診断・治療・投薬を受けたことがあるか
・過去5年以内にがん・心臓病・脳梗塞、脳疾患・肝硬変等で医師の診断・治療・投薬を受けたことがあるか
・視力、聴力、言語、そしゃく機能に障害があるか

　契約時はこれらについて確認します（保険会社により告知内容は異なる）。保険募集人は生命保険の契約の媒介を行うだけで、締結権があるわけではありません。したがって、健康告知についてはお客様にありのままを告げていただき、不明な点等があれば保険会社のヘルプデスクに直接確認していただくことになります。

重篤な病気だったり、入院や手術の可能性が高い、または具合いが悪いので病院に行こうと思っているなど、危険性が高い人ほど生命保険のニーズが高まり、申込みの意思が強まります。このような現象を保険会社では「逆選択」と呼んでいますが、保険募集人にはこの逆選択を防ぐ義務があります。

生命保険会社は、すべてのお客様に公平でなければなりません。この告知が適切に行われず危険性の高いお客様が加入してしまうと、支払いが計算より多く発生し、善意のお客様の負担が大きくなってしまいます。そのため、取扱報告書などに必ず本人に確認した内容を記入し、生命保険会社に報告しなければなりません。不正確な報告を行ったために、誤った内容で契約が成立してしまうと、イザというときに支払いできないなどのトラブルに発展します。これでは、いままでお客様と築いてきた信頼が一瞬で失われます。

正しい告知をしていただくためには「告知書の補足説明」や「告知書の記入例」等を使用して、お客様の告知義務を正しく説明します。なお、告知制度の悪用を促すような言動は絶対に行ってはなりません。そして、「正確でありのままの告知」をいただけなかった場合、契約が解除となり、保険金・給付金等のお支払いができないことがあるという点についてもしっかり説明します。また、告知事項は読み上げながら一つひとつ丁寧に告知してもらいます。

④一時払終身保険（健康告知なし）

一時払終身保険のなかには、健康告知を行わないものもあります。そのため、幅広いお客様がこの保険に加入することができるというメリットがあります。一方、デメリットとして保険料が割高だという点があります。また、健康告知はなくても職業や勤務先の告知は行うのが一般的です。保険の内容は健康告知のあるものと同一です。

⑤平準払終身保険

平準払終身保険は、月払い、半年払い、年払いといったお客様に負担感がなく保険料を支払うことができ、かつ加入時より大きな保障を得ることができるのが特徴です。この保険には、一生涯にわたって保険料を払い続ける「終身払い型」や60歳など一定期間までに支払いを終える「有期払い型」があります。月々の保険料負担では、「終身払い型」の方が安くなりますが、支払い保険料総額を比較すると平均寿命まで生きた場合、「有期払い型」の方が安くなるのが一般的です（**図表39**）。

＜図表39＞平準払終身保険

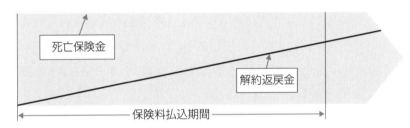

⑥低解約返戻金型終身保険

　低解約返戻金型終身保険は、保険料払込期間中の解約返戻金額を通常より低く設定することにより、保険料を安く抑えることができる商品です。しかし、保険料の払込みを終えると通常の解約返戻金となるため、期中で解約の可能性があるお客様への提案は避けるべきです（**図表40**）。

＜図表40＞低解約返戻金型終身保険

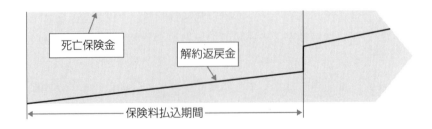

2．医療保険

（1）医療費と公的医療保険

　医療保険を提案に入る前に周辺知識を理解・確認してみます。まず、国民医療費の見通しですが、年々医療費が高騰しています。このままでは医療費が破綻し、今の医療費負担で済まなくなるかもしれません。一方で、人口については年々減少傾向にあります（**図表41**）。

＜図表41＞医療費の見通し

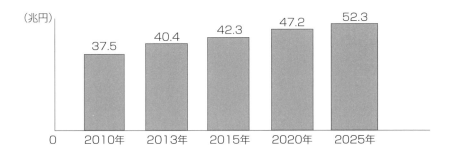

　次に、公的医療保険の自己負担額の変遷を現役世代と高齢者それぞれについて見てみます（**図表42**）。

＜図表42＞

【現役世代】

～1984.9	1984.10～1997.8	1997.9～2003.3	2003.4～
定額負担	1割	2割	3割

【高齢者】

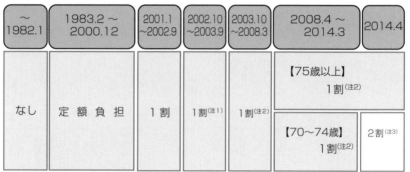

(注1) 現役並み所得の方は2割負担
(注2) 現役並み所得の方は3割負担
(注3) 2014年4月に70歳になる被保険者より段階的に2割負担、また、現役並み所得の方は3割負担

　このように、少子高齢化と国民医療費の上昇により、公的医療保険の自己負担割合は引続き増加する可能性があります。現在、公的医療保険給付の内容・範囲の見直しや、新たな高齢者医療制度の創設など、医療費削減へ向けた取組みが進められています。

　患者に対する情報提供の推進、信頼できる医療の確保などの方針が掲げられ、保険外併用療養制度が創設されました。生活習慣病予防やがん対策など、高額医療・長期入院の原因となる病気の抑圧へ向けた施策も進められています。

　また、平均在院日数の短縮目標のもと、療養病床の再編成が図られ、治療の場は入院から通院へと変化しつつあります。そして、昨今のデータから30％以上が5日以内の入院であり、90％以上が61日以内の入院となっており、入院期間の短縮化が図られています。

(2) 医療保険の内容

　次に、医療保険を構成する内容について見ていきます。
　①入院保険金
　入院1日につき支払われる保険金のことで、医療保険の基本となりま

す。価格は5,000円から1万円が一般的ですが、最大2万円まで付保できる保険会社もあります。いくらにするか悩む人が多いですが、自分に起こりうる万が一の事態に対処できる保障を備えつつ、家計の負担にならない額に抑えることが理想的です。

ライフスタイルやライフステージも考慮に入れることを忘れず、20代のシングル世帯と50代のファミリー世帯とでは、傷病に対するリスクや必要になる金額が異なります。

とはいえ、未来の健康状態は予測できないのが普通です。どうしても判断できない場合は、保険料で決めるのもありだと思います。保障内容と保険料のバランスがいいのは、やはり5,000円から1万円といわれています。

②手術給付金

手術1回につき受け取れる給付金のことで、約款に記載された手術のみを給付対象としています。一般的には入院を伴わない手術でも給付対象になりますが、そうでない商品もあります。それぞれの商品の約款を確認したうえでお客様に勧める必要があります。

手術給付金の金額は、「入院給付金日額×規定の倍数」の計算式で決まるのが一般的です。倍数は手術の種類によって異なり、保険会社の基準で10倍・20倍・40倍と定められています。ほかにも、一律10万円など定額を受け取れる商品もあります。

③入院支払限度日数

入院支払限度日数とは、1回の入院で最大何日まで保険金を受け取れるかを定めたものです。「一入院30日」と書いてあれば30日まで、「一入院60日」とあれば60日の入院まで保険金が支払われることになります。

ここで注意したいのは、一入院はあくまで「同じ病気が治るまでの1回の入院」に限られている点です。たとえば、がんで30日入院し、無事退院したものの、1ヵ月後に転移が見つかったため再び20日間入院した

人が、一入院30日型の保険に加入していたら、保険金の支払いはどうなるでしょうか。

これは、1回目の30日間の入院については30日型なのですべて保障され、退院から1ヵ月後に20日間再入院をした場合は、限度日数オーバーで保障対象外となります（ただし退院から180日以上経過している場合は全額保障）。

つまり、入院の理由が同じまたはそれに端を発する病気の場合、前回の退院から180日以上経過していない限り、新しい入院としてカウントされないということです。この一入院の定義は意外と知らない人が多いので、誤解のないようにしてください。

一入院の意味を理解したところで、何日型を選べばよいかを考えてみましょう。平成26年患者調査（厚生労働省）によれば、全世代の平均入院日数は、平成2年の47.4日をピークに33.2日となっているので、とりあえず60日型の保障に入っていれば問題ないように思えます。事実、医療保険で売れ筋なのは60日型や120日型の商品です。

とはいえ、がんなど再発の可能性がある傷病などはそれ以上かかる場合もあるため、180日型や720日型、1000日型など長期入院に対応できる保険を選ぶとよいでしょう。

（3）医療保険の特約

特約とは、主契約に付帯する契約のことでオプションともいいます。医療保険での主契約、つまり商品本体にあたるのは入院給付金（セットで手術給付金）ですが、これだけでは不安という人は、特約を追加することで保障を手厚くすることができます。

特約には様々な種類があり、特定の病気になると入院給付金が上乗せされるものや、所定の状態になると一時金が下りるものなどがあります。商品設計や支払条件は各社で多少の差はありますが、一般的には次

のような内容になります。

・がん入院特約…がんで入院した場合、入院給付金が上乗せされる
・生活習慣病（成人病）特約…がん、糖尿病、高血圧性疾患、心疾患、脳血管疾患で入院した場合、入院給付金が上乗せされる
・女性疾病特約…乳がんや子宮筋腫など女性特有の病気で入院した場合、入院給付金が上乗せされる
・先進医療特約…厚生労働大臣が認める先進医療を受けた場合、治療の内容に応じた給付金が支給される
・がん診断給付金…がんと診断確定された場合、診断一時金が支給される
・特定（三大）疾病保障特約…がん、急性心筋梗塞、脳卒中により所定の状態になった場合、一時金が支給される
・通院特約…入院を伴う治療を受け、退院後も同じ病気の治療のため通院した場合、その日数分に応じて通院給付金が支給される
・長期入院特約…主契約の入院支払限度日数を超えて入院した場合、引続き入院給付金が支給される

　付帯しておくと心強い特約ですが、保障を手厚くすればするほど保険料もアップするので、特約の付けすぎ、いわゆる〝保障太り〟になるのは考えものです。そのため、本当に必要なものだけを追加し、途中で必要ない場合は特約部分を解約することにします。

（4）定期型と終身型
　医療保険は保障期間の違いにより、「定期型」と「終身型」の２種類に分かれます。両者の差はいろいろありますが、要は「保障が一生続くか否か」だと考えてください。定期型は10年など限定的な保障を買いた

い人向け、終身型は一度の契約で一生涯の保障を得たい人向けに販売されています。

　普通に考えると一生ものの終身型の方がいいように思えますが、保険料が割高だったり、他の保険に乗り換えられなかったりというデメリットもあります。一方、定期型は保険の見直しをしやすい反面、契約を続けるには更新料がかかるうえ、年齢が上がるにつれて高くなります。

<図表43>定期型・終身型のメリット・デメリット

	定期型	終身型
保障期間	10年ごとなど更新が必要 （○）保障内容の見直しがしやすい （×）60歳や70歳など年齢制限がある	一生涯続く （○）一度の契約で老後も安心 （×）保障内容の見直しがしにくい
保険料	加入時の年齢で決まり、更新時も年齢に応じて変動する （○）終身型よりも安い （×）年齢が上がるにつれ高くなる （○）物価の価格変動やライフプランの変化に対応しやすい	加入時の年齢で決まり、その金額で一生固定される （×）定期型よりも割高 （×）支払いが一生続く （△）60歳払込など払込期間の短縮も可能 （×）物価の価格変動やライフプランの変化に対応できない

　図表43の通り、定期型・終身型それぞれのメリット・デメリットは相関関係にあります。

　医療保険は若いうちだけでいい、老後の医療費は貯蓄で対応するという人なら定期型、年齢にかかわらず一生涯の安心を得たいという人は終身型を選ぶべきでしょう。商品によっては60歳払込なども可能なため、現役時代に保険料の払込みを終えてしまうこともできます。

　いずれにしろ、お客様のライフスタイルやライフステージをよく考慮して選ぶことになります。

第6章●今売る保険のアプローチ＆トーク例

３．給与サポート保険

（１）給与サポート保険の特徴

　病気やケガをしたときに困るのは治療費の負担に加え、仕事ができないことにより収入が減ってしまうことです。そこで活躍するのが、2016年７月に発売された「給与サポート保険」です。給与サポート保険は、「病気やケガで働けなくなったときの給与の一部を補てんする」商品です。

　働けなくなったときに保険料が支給されるため、医療保険や生命保険のように入院日数で支給額が決まるわけではありません。会社員など健康保険に加入している人が病気やケガで休むと、最長１年６ヵ月までは「傷病手当金」が支払われますが、それ以上長く休むと収入がなくなるので、これを保険でサポートするわけです。

（２）給与サポート保険の内容

　この給与サポート保険は、所定の条件に該当すれば、60歳（または65歳）の満期まで毎月設定した金額が支給されます。また、自営業者など国民健康保険に加入している人は傷病手当金がありませんが、その場合も給与サポート保険なら給付金を受け取ることができます。この給付金には、①短期回復支援給付金、②長期療養支援給付金の２種類があります。

　また、②の長期療養支援給付金は、就労困難状態が継続する限り、満期の年齢まで受け取れます。短期回復支援給付金も長期療養支援給付金も毎月最低５万円から最高20万円まで所定の状態が継続すれば受け取ることができます。

151

＜図表44＞支払事由

1回目	就労困難状態が60日継続した場合
2回目～6回目	就労困難状態の継続の有無にかかわらず生存していた場合
7回目～17回目	就労困難状態が継続している場合

　給与サポート保険は、病気やケガの治療で働けなくなったときに収入を補てんしてもらえるありがたい保険ですが、「就労困難状態」であることが支給条件となります（**図表44**）。

　そこで「①短期回復支援給付金」は、就労困難状態が60日継続したときに初めて受け取ることができます。この「就労困難状態」とは、次のような状態を指します。

　　・入院…医師の治療が必要で、かつ自宅での治療が困難なために約款
　　　が定める医療機関に入って医師の管理下で治療に専念すること
　　・在宅療養…医師の指示に基づいて自宅療養を行い外出が困難な状態
　　・在宅療養…障害等級が1級・2級に相当する約款に定めた状態

　この状態が、60日継続した場合に短期回復支援給付金を受け取ることができます（2～6回目は就労困難状態が続いていなくても「生存していれば」受け取ることができるが、7～17回目はまた就労困難状態が継続することが条件となる）。

　また、長期療養支援給付金は前記の「入院」「医師の指示に基づく在宅療養」「障害等級1級または2級に認定された場合」のいずれかが条件となります。障害等級1級は、両目を失明したり神経系統の機能または精神に著しい障害を残し、常に介護が必要とするなどの状態を指すので、かなり重篤な状態です。

第6章●今売る保険のアプローチ＆トーク例

（3）給与サポート保険の留意点

　給与サポート保険は、病気やケガで収入が減少した場合に備える保険のため、収入が少ない人やない人は加入することができません。具体的には専業主婦（主夫）、学生、無職、パート、アルバイト、フリーター、無職、資産生活者、前年度の年収が150万円未満の人は加入できないことになっています。

　また、毎月の給付金額は5万円以上1万円単位で契約できますが、1ヵ月の上限は20万円と決められています。しかも、前年度の額面年収に対して上限が設定されています。たとえば、短期回復支援給付金は、額面年収の3％まで、長期療養支援給付金額は、額面年収の5％まで（国民健康保険に加入している人は額面年収の7％まで）となっています。収入が少ない人は、その範囲内でしか設定できません。

　また、この保険は長期療養支援給付金の支給がなかった場合（短期回復支援給付金は可）は、保険期間満了時に「長期給付無事故支払金」として、月額の支給額に設定した金額を1回だけ受け取ることができます。月額の支給額は最大20万円とされており、解約返戻金は発生しないので注意が必要です。

4．がん保険

（1）がん保険の特徴

　がん保険は、文字通り「がん」になったときに給付金が支払われる保険です。というのも、がん治療は他の病気に比べてお金がかかるうえ多くの治療法があることから、医療保険にない特徴があります。

　保障範囲の詳細（有責・無責）については触れませんが、がん保険、特定疾病保険、医療保険の保障範囲を比較し、対象となる疾患には○、対象とならない疾患には×を付したので、よく見てください（**図表45**）。

153

＜図表45＞がん保険の保障範囲

	がん	急性心筋梗塞、脳卒中	一般的な病気・ケガ
がん保険	○	×	×
特定疾病保険	○	○	×
医療保険	○	○	○

　そして、がん保険は他の保険にはない特徴があります。押さえておきたいのは次の４つです。

　①がんになったときの保障が手厚い
　②入院給付金の上限日数がない
　③大きな診断一時金がある
　④免責期間がある

　それでは、次に詳しく説明していきます。
　①がんになったときの保障が手厚い
　がん保険は原則がんのみを保障としているため、ケガや病気は保障の対象外となります。一般的な保障内容（給付金）には次の４つがあります。

　・診断給付金
　・入院給付金
　・手術給付金
　・通院給付金

　これらの給付金は、次のようなときに受け取ることができます。

第6章●今売る保険のアプローチ＆トーク例

・診断給付金

　がんと診断された時点で給付されるのが「がん診断給付金」です。がん保険ではこの給付金が大きく設定されており、50万円から100万円などと幅があります。「入院給付金日額 × 100倍」と設定されているものもあります。

・入院給付金

　がんで入院した場合に支払われる「入院給付金」は、基本的に日数は無制限です。ほとんどのがん保険は日額1万円から2万円です。医療保険の入院給付金には一回の入院あたりの限度日数（60日など）があります。

・手術給付金

　がんで手術した場合に支払われる「手術給付金」は、一回の手術について10万円から20万円が目安です。入院日額給付金の20倍が給付金として受け取れるものもあります。

・通院給付金

　医療保険に通院特約が付加されているケースは少ないですが、がん保険は通院治療も多いため、「通院給付金」が付加されているケースが多いです。通常、通院すると1日1万円という形で設定した金額が給付金として支払われます。

②入院給付金の上限日数がない

　がん保険は「がん」のみを保障対象としていますが、医療保険は「すべての病気・ケガ」による「入院・手術」を保障の対象としています。

　医療保険では入院した場合でも、「一回の入院限度日数」と「通算限度日数」により、入院給付金の支払日数に制限が設けられています。同じ病気で繰り返し入院しても、所定の日数（60日など）を過ぎていないと「一回の入院」とされてしまい、給付金を受け取れない場合があります。

155

それに対し、がん保険は「入院給付金」は入院日数が無制限に設定されています。次にそれぞれの保険の比較表を掲げたので、見てください。

　③大きな診断一時金がある

　図表46にもあるように、医療保険には病気と診断されても一時金は受け取れませんが、がん保険はほとんどの商品が、「がんと診断されたら100万円」というように高額な一時金が受け取れます。

　がんになった場合、治療費が高額になるケースや仕事に支障が出て、生活に大きな影響が出る可能性があるので、大きな一時金が出る仕組みになっています。

　④免責期間がある

　「免責期間」というのはがん保険特有の特徴です。一般的にがん保険は、契約後3ヵ月（約90日間）はがんになっても保障を受けることができません。この期間を「待ち期間」「不填補（ふてんぽ）期間」と呼ぶこともあります。

　がんを発病した人は自覚症状がないケースが多く、健康状態の告知段階では本人も「知らなかった」ということがあります。また「がんを発病したかもしれない」と不安になった人は、がん保険に加入したがる傾向があります。

　保険を悪用されないために90日間または3ヵ月という期間を設けることは、契約の公平性を維持するという意味もあります。最近では「がん入院給付金」や「がん手術給付金」、「がん通院給付金」において待ち期間がないタイプの商品もあります。

　通常契約前の発症とは次のことを指します。

　①しこりを確認していた
　②がんの症状が出ていた

③体調が悪く病院に通っていた

④検診などで再検査が必要と言われていた

⑤検査で異常が出ていた

③、④、⑤は告知書に記載しなければいけない内容です。

自覚症状がなく告知書にも嘘偽りなく記載した場合には、免責期間を過ぎてすぐにがんが見つかった場合でも契約前の発症にはならず、基本的に保障の対象になります。

がん保険は、過去にがんになったことがなければ比較的入りやすい保険ですが、加入できても保険金が必ず受け取れるというわけではありません。次のような場合は、がんと診断されても給付金が受け取れない可能性があります。

・上皮内新生物が保障されないタイプの保険だった

・保険の責任開始日前にがんと診断された

・保険契約の前にがんを発症していた

・保障内容の条件を満たしていない

・告知義務違反があった

・保険の契約が失効していた

・重大事由や免責事項に該当していた

・給付金を請求していない

（2）がん保険と医療保険の違い

それでは、次にがん保険と医療保険の相違点について整理します。簡単に説明すると、医療保険はすべての病気・ケガに対応していますが、がん保険はがんになったときしか給付金は受け取れません。ただし、そのときは手厚い保障が受けられます。たとえて言うなら、医療保険は

157

「オールラウンドプレーヤー」、がん保険は「がんのスペシャリスト」といった感じでしょうか。

　保障のイメージは医療保険への加入をベースとして、がんになるのが心配だからがん保険でがんの保障を上乗せするというものです。医療保険に加入せずがん保険のみの場合は、がん以外の病気・ケガでは給付金が支払われません。したがって、同一の入院給付金額を設定すると、保険料はがん保険の方が安くなります。

　このように医療保険は、がんを含む病気やケガを幅広く保障するのに対し、がん保険は、保障の対象をがんに限定していますので、その分、医療保険と同程度の保険料でも、がんになった場合はまとまった一時金を受け取れたり、無制限で入院給付金を受け取れたりと、がんの治療に合わせた保障内容になっています（図表46）。

＜図表46＞がん保険と医療保険の違い

	がん保険	医療保険
支払対象	がんのみ	疾病（がん含む）、ケガ
診断給付金	がんと診断された場合に50万円、100万円、200万円と高額な給付金を支払われる商品が多い	なし
入院給付金	上限日数がない	30日、60日、120日など給付上限日数がある
通院給付金	日額1万円程度のものがある	なし
免責期間	90日程度あり	なし
加入制限	既往症に対して比較的容易	既往症に対して比較的加入しづらい

5．介護費用保険

　現在、日本は高齢化社会を迎え、介護は誰もが直面する可能性のある大きな問題となっています。実際に寝たきりや認知症で介護が必要となったとき、公的介護保険だけでは十分でなく、治療費の自己負担分や介護人の雇入れ費用などの負担は予想以上に大きいため、民間の介護保険や介護費用保険は一つの対応策になります。

　公的介護保険制度がスタートする（2000年）前の1989年に損害保険会社で発売された商品は、公的介護保険を補完する機能を持っていました。その内容は、被保険者が「寝たきり」や「認知症」（痴呆）によって介護が必要な状態となり、その旨の医師の診断を受け、その日から継続して一定の日数（90日、180日など）を超えた場合に、介護に要した費用等を補償するというものです。

　医療費用・介護施設費用保険金（実費）、介護諸費用保険金（定額）、臨時費用保険金（一時金）が支払われます。保険期間は終身で、保険料を払済年齢まで月払、半年払、年払、一時払などで払い込みます。その後、損害保険会社の一部は子生保会社扱いとし、自社の取扱いをやめている会社も出てきました。

　生命保険会社で取り扱っている商品は、前記の「寝たきり」等によって介護状態になり、保険金が支払われるというよりも、公的介護と連動するような支払われ方になっています。

　具体的には公的介護の「要介護1」以上の場合に支払われますので、皆さんが取扱っている介護保険は「要介護」のいくつから保険金が支払われるかを確実に把握してください。なお、生命保険会社にも同様の「介護保険」がありますが、所定の要介護状態が続いた場合、契約時に設定した一時金と年金が支払われます。

そして、介護費用保険と同様な特約が医療保険や終身保険でも付帯できるようになってきているので、お客様のニーズがどこにあるかで、使い分けることができます。

6．終身保険・医療保険・がん保険セールスのトーク例

（1）外貨建て終身保険のアプローチトーク

（退職金を受け取ったお客様）

担当者：○○様、このたびは定年退職おめでとうございます。これからの人生が楽しみですね。

お客様：ありがとう。おかげさまで無事に定年を迎えたけど、収入が減ることを考えると、楽しみばかりとも言っていられないよ。

担当者：そうかもしれませんね。私どものお客様でも、多くの方が定年をきっかけに、その後の家計や金融資産についてお考えになられています。○○様も定年後の第二の人生、いわゆる「リタイアメントプラン」について、何かお考えですか？

お客様：考えないといけないと思っているけど、まずは年金の受取り手続きをして、退職金は定期預金にしようと思っているよ。

担当者：年金受給のお手続きは大切ですね。ぜひとも当行でお受取りいただきたいと思います。また、退職金は定期預金にとのことですが、退職金の活かし方などをしっかりとお考えいただきたいと思います。当行からご案内させていただいてもよろしいですか？

お客様：もちろん頼みます。

担当者：ありがとうございます。定期預金というと○○様は日本円で作られることと思います。しかし、第二の人生はとても長いので

160

す。現在、私たちの生活は輸入品に頼るものが多いですよね。
日本は食料品もエネルギーも他国以上に輸入している国ですの
で、もしかしたら、今後、輸入品の価格はどんどん上昇するか
もしれません。

お客様：それはそうだね。

担当者：そんなときに、日本円で資産を保有しているだけでは、減って
いくばかりです。そこで、アメリカドル（以下、米ドル）や
オーストラリアドル（以下、豪ドル）などの外貨で資産をお持
ちになると、物価上昇の原因となりうる円安に対して資産を守
ることができます。

お客様：なるほど。そうかもしれないね。

担当者：はい。そこで長い第二の人生について考える際に、ぜひ、外貨
建ての金融商品をご検討いただければと思います。

お客様：何だか難しそうな商品だね。私にそんな商品の運用ができるか
な？

担当者：仕組みは預金と比較するとやや複雑です。ただ、外貨建てと
いっても、米ドルや豪ドルの為替変動に一喜一憂していては大
変です。ある程度中長期で保有することを前提とした金融商品
がよろしいかと思います。

お客様：たとえば、どんな商品？

担当者：はい。当行では中長期や一生涯という長い期間資産分散をしつ
つ、比較的高利回りの「外貨建ての保険」は人気があります。
保有期間中に、お小遣いのように受け取る給付金が出る商品も
ございますので、長い第二の人生にうってつけかもしれませ
ん。よろしければ、少し詳しい説明をさせていただけないで
しょうか。

お客様：少しなら時間があるから大丈夫だよ。

担当者：ありがとうございます。

（定期預金の満期を迎えたお客様）

お客様：せっかく満期になったのに、今の定期預金はまったく面白みが
　　　　ないなぁ。

担当者：そうですね。2016年2月に始まったマイナス金利政策の影響
　　　　で、現在はほとんど金利がつかない状況です。ただ、海外に目
　　　　を向けると状況は変わります。日本よりも格付けが高いアメリ
　　　　カやオーストラリアなどを投資対象とすることで、魅力的な利
　　　　回りが期待できます。

お客様：そうなんだ…。

担当者：今日は○○様に、保険の仕組みを使った中長期の運用商品をご
　　　　紹介したいのですが。

お客様：保険ねえ…。利回りが良くても保険は好きじゃないな。仕方な
　　　　いから定期預金にでもしておこうかな。

担当者：しばらく預けていただけるのなら、定期預金にしましょう。で
　　　　すが、せっかく長い間お貯めいただきましたので、○○様には
　　　　時間を味方につけられる有利な商品を検討していただきたいと
　　　　思います。

お客様：時間を味方につける有利な商品？

担当者：はい。保険といってもご想像されている保険商品とは異なりま
　　　　す。もちろん掛け捨ての保険でも、死亡したら掛け金以上の保
　　　　険金が支払われる商品でもなく、魅力的な利回りで複利運用が
　　　　できる貯蓄性の保険商品です。定期預金の満期を迎えられるお
　　　　客様にご案内させていただいております。

お客様：掛け捨てじゃないの？　がん保険とかでもないの？

担当者：保険商品といっても様々で、貯蓄性の高いものも多くありま

す。格付けも利回りも高い米ドルや豪ドル建ての保険ですと、
　　　1〜3％程度の利回りを期待することができます。

お客様：それは、すごいね！

担当者：しかも、外国通貨ベースでは、その利回りを10年間などの一定
　　　の期間において、あらかじめ契約時に約束するのです。利回り
　　　が約束されているという点を好まれる方も多いですね。詳しく
　　　ご案内させていただきたいのですが、少しお時間をいただいて
　　　もよろしいでしょうか？

お客様：うん。構わないよ。

（2）医療保険のアプローチトーク

（定期預金を継続したお客様）

担当者：定期預金をご継続いただきましたお客様にご案内しているので
　　　すが、病気やケガへの備えはどうされていらっしゃいますか？

お客様：病気やケガへの備え？　特に準備していないけど…。

担当者：そうですか。ありがとうございます。生活費や娯楽費など色々
　　　とお金が必要になりますよね。実は当行では医療保険を取り
　　　扱っていますが、一般的に医療保険はお若いうちにご加入され
　　　た方が月々の保険料が安く済みます。少しだけお時間をいただ
　　　けないでしょうか？

お客様：今のところ健康だし、今日は時間がないからいいよ。

担当者：そうですよね。私も医療保険は必要ないと思っていましたが、
　　　知人が肺炎で入院したんです。彼はたまたま保険に加入してい
　　　たので、治療費の負担はなかったらしいです。その話を聞い
　　　て、昨年、私も医療保険に加入したんです。ケガや病気って意
　　　外と身近なものですね。

お客様：そうなんだ。確かにいつ何が起こるか分からないね。

担当者：医療保険は、本当に必要なときには加入できなくなりますから
　　　　…。日本人男性の平均寿命は81歳で、いつ病気やケガで入院す
　　　　るか分からないですよね。だからこそ、ぜひ○○様に医療保険
　　　　をご案内させていただきたいのです。

お客様：じゃぁ、少し聞いてみようかな。

（相続対策が必要となるお客様）

担当者：平成27年1月に相続税法が改正され、相続税の負担が増えまし
　　　　たが、○○様は何か具体的な対策をされていらっしゃいます
　　　　か？

お客様：息子と孫に現金を毎年110万円ずつ贈与をしているくらいだっ
　　　　たかな。

担当者：さすがですね、○○様。しっかりとした対策をされていらっ
　　　　しゃいますね。ただ、○○様ほどのご資産をお持ちであれば、
　　　　贈与金額の上乗せや、何か別の相続対策をご検討されていらっ
　　　　しゃるのではないですか？

お客様：特に考えていないよ。贈与もこれ以上行うと贈与税がかかるか
　　　　らね。

担当者：贈与税の支払いは気になりますよね。しかし、贈与税を気にす
　　　　ることなく大切な資産をお子様やお孫さんに残し、相続税評価
　　　　額を下げる方法があるとしたら、いかがですか？

お客様：そんな方法があるの？

担当者：はい。○○様の資産を一生涯の保障に形を変えて、お子様にプ
　　　　レゼントをする方法です。

お客様：それってどういうこと？

担当者：たとえば、○○様が契約者、お子様やお孫さんが被保険者に

なって「医療保険」にご加入いただくと、○○様が契約者ですので贈与税を心配する必要がありません。

お客様：なるほど。

担当者：また「医療保険」のため、大切なお子様やお孫さんが、病気やケガで入院や手術が必要になったとしても、治療費を心配せずに治療に専念することができますし、契約時に保険料を一括していただければ、お子様やお孫さんの将来の保険料負担はありませんので安心です。ただし、お客様に万が一あったとき、契約者名を変更する際に入院保険金日額の10倍が相続財産となります。

お客様：面白そうだね。もっと詳しい話を聞かせてよ。

（3）がん保険のアプローチトーク

（預金の名義変更をしたお客様）

担当者：名義変更のお手続きが終わりました。ありがとうございました。ところで、名義変更をされたお客様にご案内しているのですが、万が一、がんなどのご病気になられたときのために、預金や保険などでご準備されていらっしゃいますか？

お客様：うん。医療保険に入っているから大丈夫だよ。

担当者：ありがとうございます。しっかりと準備されているんですね。実は、がんになった場合、医療保険だけではカバーしきれない場合があることをご存知ですか？

お客様：詳しくは分からないな。

担当者：そうですよね。でも、実は今や2人に1人はがんになる時代です。私もまだがん保険には加入しなくてよいかと思っていましたが、がんという病気を知れば知るほど、いつ患うか分からな

165

いこの病気に対して、がん保険という備えがあると安心だと感じました。

お客様：そうなんだ。確かにいつがんにかかってしまうのか分からないからね。

担当者：はい。がん保険は本当に必要だと感じています。だからこそ、○○様にはぜひ現在の実態に合ったがん保険をご案内させていただきたいと思っております。

お客様：それなら、少し話を聞いてみようかな。

（小さいお子様と来店したお客様）

担当者：お口座をお作りいただきありがとうございました。ところで、お子様のケガや病気の備えは何かされていますか？

お客様：特に準備していないわ。でも、うちは男の子だからケガや病気が心配なの。

担当者：そうですよね。先ほどご案内させていただきましたがん保険は、ゼロ歳から（保険会社によって加入年齢が異なる）加入できるんですよ。

お客様：でもお金がないのよ。

担当者：子育てには色々とお金がかかりますものね。ですが、お子様でも何が起こるか分かりませんし、今ご加入いただきますと一生涯保険料は変わりません。お子様は5歳の男の子ですよね。当行で扱っておりますがん保険では、入院保険金日額5,000円でしたら、わずか○円でご加入できます。

お客様：意外と安いのね。でも、主人と相談しないと決められないわ。

担当者：では、ご主人様とご相談いただいて、改めてご来店いただけないでしょうか？　来週の水曜日の13時からはいかがですか。

お客様：いいわよ。来週よろしくお願いしますね。

166

第7章

求められる
アフターフォローへの対応

1. なぜアフターフォローが必要なのか

保険は長期契約が前提にもかかわらず、契約期間中の情報提供を怠っている担当者が多いのが実情です。最終的な判断はお客様に任せるとしても、有益と思われる情報提供は積極的・継続的に行う必要があります。その先に乗換え（経済合理性に則った乗換え）という選択肢もあるからです。

（1）アフターフォローの重要性

外貨建て保険の契約後にきちんとフォローをしていますか？　何もしていないという人もいると思いますが、ここでは、なぜアフターフォローが必要なのかを具体的に考えていきます。

まず、なぜアフターフォローを行うかという目的からです。

外貨建て保険は、様々な諸費用がかかるうえ為替リスクもあることから、契約前は丁寧に商品説明をしていると思います。しかし、お客様の記憶は時間の経過ともに薄らいでいくことを踏まえると、アフターフォローは定期的に行うことが望まれます。

では何をするかというと、ほぼ同じでいいと思いますが、「契約時に説明した商品内容・加入意図を思い出していただく」ことと、「ご安心いただく」ことの再確認です。そのためのツールは各金融機関や保険会社で用意されているもので構いません。

図表47は、担当者の興味・関心とお客様の興味・関心の度合いを示しています。お客様の満足度は、成約後に高まっていきますが、担当者の興味・関心は、クロージングや成約のタイミングで下降線をたどります。だからこそ、お客様が興味・関心を示す契約後のアフターフォローが重要となるのです。

第7章●求められるアフターフォローへの対応

＜図表47＞担当者の興味・関心とお客様の興味・関心

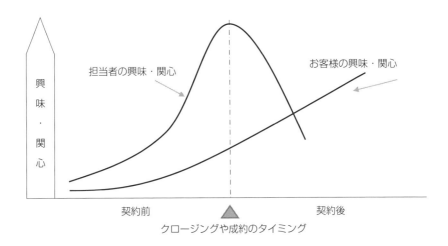

また、サービス産業生産協議会が作成した業界別満足度指数を見てみると、銀行・生命保険は、他業界と比較して満足の分布の幅が大きくなっています（**図表48**）。したがって、契約後のアフターフォローを行わないとお客様の満足度が低くなり、苦情や解約の原因となります。一方、アフターフォロー行うことでお客様の満足度が高まり、新たな契約を獲得するチャンスが生まれることを意味します。

＜図表48＞業界別満足度指数

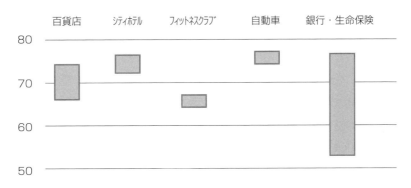

それでは、少し細かくアフターフォローについて考えてみたいと思います。

（2）リピート加入につながる

　営業担当者に契約後のアフターフォローについて聞くと、多くの人から何もしていないか、それに近い回答が返ってきます。それを聞くたびに「なんてもったいない！」と言いたくなります。「契約後にお客様のフォローをするのは当たり前」という倫理的な意味ももちろんありますが、それ以上に、アフターフォローは効率的な営業活動という一面があるからです。

　起業して間もない企業は営業に割ける時間が少ないため、契約後は次のお客様を開拓しなければなりませんが、開拓に時間を割けば割くほど効率的な営業からは遠ざかっていきます。しかし、アフターフォローに力を入れれば、お客様の皆さんに対する認識や商品に関する関心度も高まるのです。

　皆さんの場合なら、金融機関の商品やサービスの活用度は上がります。導入した商品やサービスの活用方法を繰り返しお客様に浸透させることにより、お客様は皆さんの商品やサービスを「使いたい、聞きたい」となります。そして、競合他社からではなく皆さんの銀行からリピート加入やサービスの提供につながるのです。

　また、お客様が保険商品や金融機関のサービスを導入して、その効果を実際に感じているのであれば、追加で加入される可能性も高まります。

　それでは、実例を挙げてみましょう。契約後に一度お客様を訪れた後、まずお客様とコンタクトを取ることはないという営業スタイルで、基本的にリピート契約がないような場合、同一のお客様から2件以上加入いただくことは極めて稀でした。

170

第7章●求められるアフターフォローへの対応

　そこで、フォローアップを定期的に行うスタイルに変更してお客様満足度の向上に注力したところ、別の契約（平準払い保険）の加入率が伸び、定期的にフォローアップを行うようにしたところ、1年で複数回契約をするお客様の数は、全体の20％まで伸びたという金融機関のデータもあります。

（3）営業の差別化につながる

　「営業活動は信用が大切」ですが、最もお客様の関心が高まっているのは「申込みから証券の到着」までの間です。そこから何もしなければ信用は低下していきます。ですから、アフターフォローをすることにより、信用を維持・向上させる必要があります。

　多くのお客様は「営業のアフターフォローには期待していない」と思っています。単発の加入であれば、契約前は「アフターフォローします」「何でも聞いてください」などと言いますが、いざ加入すると連絡してもなかなかつかまらない、という人が多いのが実態だからです。

　どんな案件も最終的には契約と結びついており、加入する可能性が低い案件であっても適切なアドバイスや情報提供をすることで、お客様は喜んでくれます。

　ですから、担当者はお客様に情報提供することで勝ち得た「信用」を糧にして、より加入していただける可能性が高い大口のお客様に、外貨建て保険商品を交えた様々な提案を行っていきます。競合よりも一歩進んだアフターフォローをすることが、営業にとって何よりの差別化になるのです。

　それでは、具体的なアフターフォローの例を確認していきます。しかし、フォローといっても「何をしたらいいか分からない」人もいるでしょう。そこで、いくつか具体例をあげます。簡単なものから順に紹介しますので、環境に合ったものを選んで参考にしてください。

171

（4）アフターフォローの具体例

①お客様の加入目的を確認する

加入後のお客様に「加入した当時の加入意図や商品内容」を確認してください。特にこの保険が加入意図に適合しているかを確認してください。商品内容に不明確な点があれば、その場で再度説明してください。

②マニュアルや事例を追加で提供する

加入の目的を踏まえたうえで、より商品内容の情報（マニュアルや事例）を提供します。たとえば、上級者向けマニュアルや「こういう風に活用されているお客様もいらっしゃいますよ」といった情報を提供してください。

③情報提供したうえで新たな提案をする

加入目的を踏まえてワンランク上の情報提供をしてください。たとえば、保険会社で作成している情報誌等を活用することで、新たな提案項目が発見できるかもしれません。

ただし、このレベルのアフターフォローを行う場合には、事前にお客様から多くの情報を得ておかなければなりません。アフターフォローは、営業プロセスの最後のステップであり、すでに加入が決まった後のため一般的に軽視されがちです。しかし、だからこそきっちり丁寧にアフターフォローを行うことで、他行（社）と差別化することができるのです。

2．アフターフォローの方法

（1）アフターフォローと顧客心理

契約が成立して申込書を取り交わすと、担当者は気が緩みがちになります。ここに、担当者とお客様との間での意識のギャップがあります。すでに述べたように、お客様の気持ちが盛り上がるのは、契約が成立し

た後です。一方、担当者の気持ちが一番盛り上がるのは、契約が決まった瞬間です。契約締結後は、すでに気持ちは新しいお客様の方へと向いているものです。担当者によっては、その契約行為はすっかり過去のものとなってしまう人もいます。

お客様の気持ちは盛り上がっているのに、担当者は盛り下がっている。するとお客様は担当者に対して、「あの担当者は、売るまでは一所懸命だけど、売ったら売りっぱなしだ。ちゃんとフォローしてほしいものだ」「定期預金の満期が1週間後なのに、全然連絡してこないじゃないか。どうなっているんだ」といった感情を抱きます。

こうした不満が募ると、徐々にお客様はその担当者から金融商品を買いたいと思わなくなります。つまり、リピート率の低下を招きかねないのです。

（2）契約成立後のコンタクトの取り方

こうならないためにも、担当者はお客様から「○○さんは金融商品を売った後も、私のことを気にかけてくれている」「契約後も責任を持って面倒を見てくれそうだ」と感じてもらう必要があります。

まず大切なのは、契約成立後もお客様にこまめにコンタクトを取ること。といっても、その理由が見つからないという人も多いでしょう。そこで大切なのが、お客様に喜んでもらえるような情報を日頃から仕入れる努力をしておくことです。その情報を手土産にして、お客様を訪ねるのです。

情報は、セミナーの案内でも導入事例の紹介でも、少しだけ改訂された商品パンフの案内でも構いません。また、お客様に「別のお客様を紹介してもらう」お願いをしてみるのも、いいかもしれません。それらをセットにしてお客様に情報を提供すると、それなりの会話ができるし、そのなかでお客様の興味関心を惹くものがあればしめたもの。「いい情

173

報を持ってきてくれた」と喜んでもらえ、お客様との関係がより深まっていきます。

皆さんもご存じだと思いますが、新規顧客をゼロから開拓して契約に結びつけるよりは、既存のお客様に再び商品を買ってもらうことの方が、費やす時間と労力は数倍少なくて済みます。6分の1から12分の1程度で済むという調査結果も出ているくらいです。

それでは、具体的にアフターフォローの方法について考えてみましょう。

（3）外貨建て保険に加入してもらったお客様

新規で外貨建て保険に加入してもらったお客様については、アフターフォローは証券到着のタイミングで行います。そして可能な限り訪問し、加入の意図および商品内容をお客様と一緒に振り返ります。

そして、過去に外貨建て保険に加入していただいたお客様についても、証券到着のタイミングで行うのが望ましいのですが、加入済ということもあり、外貨建て保険についての不安は少ないと思われるので、証券到着後すぐでなくても構いません。

次に具体的な方法ですが、加入経験があるお客様なので、加入意図などを聴く必要はありませんが（異なる保険に加入された場合は確認する）、保険の内容については必ず確認します。さらに外貨建て保険の魅力を理解しているお客様でもあるので、今後の見通しなどを保険会社の作成した資料に基づいて触れることも必要です。

お客様にアフターフォローを行うということは、お客様の商品に対する認識を再確認すると同時に、今まで聞けなかったことを聴けるチャンスにもなります。つまり担当者にとって、既存のお客様くらい魅力的なターゲットはいないというわけです。この重要性が分かっている担当者ほど、契約後のフォローを重視します。

174

第7章●求められるアフターフォローへの対応

　契約後についても定期的にフォローしていくことが大切です。「その後いかがですか？」と電話で連絡したり、保険商品の内容などをインタビュー形式に聞いてみてもいいでしょう。顧客の定着を図るうえでカギを握るのは、契約後のアフターフォローにあることを肝に銘じて頑張りましょう。

（4）クレーム防ぐ契約内容の確認方法

　さて、次はお客様からのクレームについて考えていきましょう。

　クレームの種類には2種類あります。一つは、「記憶違い」「思い違い」などお客様側の過失によるものです。もう一つは、「担当者が丁寧な説明をしなかった」ために発生するものです。

　お客様の記憶違いは契約後の話なのでどうすることもできませんが、思い違いについては、加入時に正しく丁寧な説明を実践することで、一定数防ぐことができます。それでは、保険の募集スキームに沿って確認していきます。

　①「ご相談シート（カード）」を取り受けます。これにより、お客様の運用元本や運用目的、運用商品を把握します。

　②「同意書」を取り受けます。ここで初めて保険商品の概要等を説明できるようになります。

　③保険商品の「ご意向把握書面」を取り受けます。改めて、お客様が円建て商品を選択しているのか外貨建て商品を選択しているのか、また、医療保険なのか終身保険なのかにより商品の選択ができます。

　④複数の商品の設計書を用いて、具体的な保険料、保障内容、保険金額を提示し確認します。ここで、お客様の意向に合った保険なのかどうか、銀行側の売りたい商品を押し付けていないかどうかで、お客様の理解度が変わってきます。

　⑤契約締結前交付書面等の契約概要、注意喚起情報、ご契約のしおり

175

を使用して契約内容を確認します。ここで書面の確認を省くと、大きなクレームに結びつく可能性があります。したがって、時間をかけ丁寧に説明しなければなりません。この手間を惜しむと、クレームが発生した場合、この何倍もの時間を費やすことになりかねません。

　⑥最後に契約書である申込書、告知書、そして、意向確認書で契約内容を確認します。

（5）クレーム受付時の対応と留意点

　このように考えると、意向把握書面、契約締結前交付書面、申込書、意向確認書等契約内容を確認する場面が何度もありますが、その都度、読み合わせを行い、お客様の表情等で理解されているかどうか等も含めて確認してみてください。

　皆さん、契約行為には少なくとも 1.5 ～ 2 時間くらいかかると思いますので、この時間より短い場合は、どこか省略している可能性があります。初心に帰って丁寧かつ分かりやすい説明を心がけてください。また、お客様が高齢者でなくても親族を交えた契約行為は、時と場合に応じて必要です。

　募集に関する行政の規制やルールは年々厳しくなっています。十分に説明することが、契約者の誤解を防止し契約者を保護するとともに、提案者である担当者、ひいては金融機関を守ることになります。

　しかし、どれだけ丁寧かつ分かりやすい説明をしても、クレームを完全に防止することはできません。ですから、クレームが発生した場合は迅速な対応が求められます。特に感情的なクレームは放置するとお客様の不満が高まり、取引の解消につながりかねません。

　まずは、何に対してのクレームかをしっかりと把握し、上司や法令等遵守責任者（コンプライアンス担当者）に速やかに連絡し指示を仰ぎます。万が一訴訟となった場合には、面談記録等が法的証拠書類となりま

第7章●求められるアフターフォローへの対応

すので、嘘偽りなく正しく細かく記載する癖をつけておきましょう。

　クレームへのスピーディーな対応により、お客様の信頼を得られることもあります。クレームは何かと面倒な事案ですが、自ら積極的に解決し、お客様とのリレーション強化と捉えて対応してください。

（6）乗換え勧誘時の留意点

　生命保険は長い契約となるのが一般的ですが、契約後にお客様のニーズやライフスタイルなどの変化により、契約内容を見直さなくてはならないケースもあります。極端な話、加入してすぐに保険契約を解約し再加入することもあります。

　既存の保険契約を見直すこと、すなわち「保険契約の乗換え」自体は問題ありません。しかし、すでに加入している保険契約を解約する場合は、長期継続契約に伴う「特別配当金」を受けられなくなったり、「解約返戻金」の負担が発生したりなど、お客様にとって不利益になることがあります。

　したがって、この不利益な事項を説明せずに、すでに加入している保険契約を解約したうえで新たな契約を締結することは「不当な乗換え募集」に該当し、保険業法（300条1項4号）に定められた違反行為となります。これは、「不当な乗換え募集」が保険の募集秩序を乱すことになるとともに、保険契約者に予期せぬ不利益を与えるために禁止されています。

　この具体例としては、次のようなものです。

・被保険者の健康状態の悪化等のため、新たな保険契約を締結できない場合がある
・一定金額の金銭を、いわゆる解約控除等として保険契約者が負担する場合がある

177

・特別配当請求権、その他一定期間の契約継続を条件に発生する配当に係る請求権を失う場合がある

　ここでは、「不利益になるまで事実を告げているか、また、お客様から確認印を取り受けるなどの方法により、お客様が不利益となる事実を了承した旨を十分確認したか」が問題となります。
　したがって「保険契約の乗換え」の募集にあたっては、乗換えによってお客様に不利益となる事実を十分に説明するとともに、経済合理性に沿った内容になっているか、こうした事項について、お客様が了承した旨の十分な確認についても対応する必要があります。

３．アフターフォローのトーク例

（１）アフターフォローの導入トーク

担当者：○○様ご来店いただきまして、ありがとうございます。先日は、外貨建て終身保険にご加入いただきましてありがとうございました。今日はどのようなお手続きですか？

お客様：今日は定期預金の継続に来たんだ。

担当者：そうですか。ありがとうございます。ところで、先日ご加入いただきました外貨建て終身保険の証券は、お手元に届きましたか？

お客様：あれから２週間くらいで届いたかな。

担当者：保険証券をご覧になられましたか？

お客様：見たけど、分かりづらいから途中で見るのをやめたよ。

担当者：そうですよね。見慣れないと証券の内容は分かりませんよね。

お客様：そうなんだよ。

担当者：では、今度お時間があるときに証券をご持参いただければ、一

第7章●求められるアフターフォローへの対応

緒に内容についてご説明いたします。そうすれば、どういう意図で○○様がご加入いただいたのか再確認できると思います。

お客様：ぜひ、頼むよ。

（2）実際のアフターフォローのトーク

担当者：○○様ご来店いただきまして、ありがとうございます。3ヵ月前にご加入いただきましたときの証券をお持ちいただきましたか？

お客様：ああ、持ってきたよ。もう一度内容を確認させてよ。

担当者：はい。承知いたしました。では、証券を封筒からお出しいただけますか？

お客様：はい。これ。

担当者：ありがとうございます。この保険は、日本円で運用する終身保険です。今回お預かりさせていただきました２０００万円の保険料は、生命保険の非課税財産をご使用いただき、相続財産を減らしていただくためです。

お客様：非課税財産？

担当者：はい。生命保険は500万円×法定相続人の数が非課税財産となります。総資産からその分だけ資産を減らすことになります。○○様は奥様の他、3名のお子様がいらっしゃいますから法定相続人が合計4名になります。したがって、500万円×4名で2,000万円の保険料をお預かりしたと思います。

お客様：そうだったね。

担当者：○○様の総資産額が約1億円とお聞きしましたから、2,000万円を差し引いた約8,000万円の資産となり、これにより相続税が軽減できるわけです。

お客様：そうだね。思い出したよ。本当にありがとう。

179

巻末資料

1. フィデューシャリー・デューティーを理解する

（1）フィデューシャリー・デューティーとは何か

　最近「フィデューシャリー・デューティー」という言葉を新聞等で見かけますが、この耳慣れない概念が日本の金融機関のあり方を根幹から揺さぶろうとしています。

　フィデューシャリー・デューティーは「受託者責任」と訳され、資産運用を受託した者が委託した者に対して負う責任を意味します。つまり、運用会社などの金融機関は、資産を預けた人の利益を最大化することに務め、利益に反するような行動を取ってはならないということです。

　安倍晋三内閣が2016年に閣議決定した「日本再興戦略2016」において、「活力ある金融・資本市場の実現を通じた成長資金の円滑な供給」という項目の具体策として、「フィデューシャリー・デューティーの徹底、長期安定的投資を支えるツールの整備、市場の公正性・透明性・安定性の確保といった論点について、金融審議会で検討する」とされました。ここで、日本の金融機関は利益相反の行動を取っているとし、「具体的な施策」として次のような指摘がなされました。

　「金融商品の販売・開発に携わる金融機関に対しては、顧客（家計）の利益を第一に考えた行動がとられるよう、また、家計や年金等の機関投資家の資産運用・管理を受託する金融機関に対しては、利益相反の適切な管理や運用高度化等を通じ真に顧客・受益者の利益にかなう業務運営がなされるよう、フィデューシャリー・デューティーの徹底を図ることとし、これにより、国民の安定的な資産形成への貢献を促す」

　金融機関が顧客の利益を第一に考えるのは当然で、何を今さらといった印象を受けるでしょう。しかし、政府が指摘する背景には、日本の金融機関は顧客の利益を第一としていない利益相反の行動を取っているか

182

巻末資料

らに他なりません。そこで、真っ先に問題になるのが運用会社の姿勢です。運用会社が顧客の方を向いて運用方針をきちんと決めているのかどうかです。

　日本では、銀行が自社グループの運用会社の投信を売るのは半ば当たり前ですが、フィデューシャリー・デューティーが課されている欧米では、グループ会社の商品を売ることはしません。自社グループの商品を売れば手数料を稼げますが、資産運用を受託している顧客の利益を第一に考えると、その選択がベストとは限らないからです。つまり、そこに利益相反があるわけです。

（2）金融機関に求められる「受託者責任」

　かつて、銀行の窓口担当者は高齢のお客様に自社グループの投信商品を売っていました。預金として銀行口座に預けてもほとんど金利が付かないので、株式などで運用する投信を勧めたわけです。そこでお客様が預金を投信に移すと、それだけで銀行には手数料が入ります。それは、本当に顧客の利益を第一に考えた末の行動なのか、それとも手数料を稼ぎたい銀行側の都合によるものではないのかといった利益相反が起きるわけです。

　本気で「受託者責任」が問われると、金融機関は大激震に見舞われます。つまり、これまでの金融機関の営業行動を根本から見直さなければならなくなるのです。そこで、家計や年金、機関投資家が運用する多額の資産が、その性格や保有者のニーズに即して適切に運用されることが重要です。このため、商品開発、販売、運用、資産管理それぞれに携わる金融機関がその役割・責任（フィデューシャリー・デューティー）を実際に果たすことが求められます。

　各金融機関がその役割・責任を果たしつつ、資産運用能力の向上に努めることにより、国民の安定的な資産形成が図られるとともに、投資へ

183

の流れが一層促進され、資産運用市場や資産運用業も中長期的に発展していくという「好循環」の実現が期待されています。

　その後、金融審議会の報告書では、顧客本位の業務運営に関する原則に盛り込むべき事項についても提言がなされ、顧客目線を実践するにあたり原則的な考えを示す「7原則」が打ち出されました。参考として、次にその内容を解説します。

原則1●顧客本位の業務運営に関する方針の策定・公表等

『金融事業者は、顧客本位の業務運営を実現するための明確な方針を策定・公表するとともに、当該方針に係る取組状況を定期的に公表すべきである。当該方針は、より良い業務運営を実現するため、定期的に見直されるべきである。』

（解　説）

　まず原則の第1は、たとえば投資信託委託会社について考えると、取引の相手先は販売会社である金融機関ですが、一連の投資（資金）の流れの中で最終受益者となる（顧客）本位の業務運営をすべきであるということです。

　私たち金融機関が明確な方針を策定・公表することで、金融機関のすべての社員のすべての業務に、顧客本位の運営を徹底する効果が期待されています。併せて、顧客は各金融機関が策定・公表した方針を比較することで、より良い取組みを行う金融機関を選択できるようになります。

　さらには、金融当局や裁判所も、方針の内容とその履行状況を参照することによって、金融事業者の評価が可能となります。このように全体として、金融サービスの質が向上し、金融市場および経済の健全化や成長につながると期待されています。

184

巻末資料

原則2●顧客の最善の利益の追求

『金融事業者は、高度の専門性と職業倫理を保持し、顧客に対して誠実・公正に業務を行い、顧客の最善の利益を図るべきである。金融事業者は、こうした業務運営が企業文化として定着するよう努めるべきである。』

（解　説）

　金融機関の健全性や収益は、顧客の利益を犠牲にするものであってはならなく、顧客の最善の利益を図ることこそが、安定した顧客基盤をもたらし、収益の確保につながっていくと示されています。

　金融機関が自ら主体的に創意工夫を発揮し、ベスト・プラクティスを目指して顧客本位の良質な金融商品・サービスの提供を競い合い、より良い取組みを行う金融機関が顧客から選択されていくメカニズムが求められています。

　金融庁が顧客本位の業務運営の観点から改善すべきと考えていることは、リテール販売・助言等に関して「リスク・リターンや手数料が分かりにくい金融商品・サービスを（投資経験が必ずしも豊富でない顧客に）推奨・販売」することや、「販売会社において取扱商品の内容について審査が不十分なまま勧誘・販売」すること、また「販売の現場における不適切・不十分な顧客対応」として、多岐にわたる指摘が記載されています。

　その背景・要因に関する指摘は、具体的には次のようなものです。

・販売手数料等の収入面に過度の偏った業績目標・業績評価体系
・系列の運用会社の商品販売をより重視した業績目標・業績評価体系
・販売員の短期ローテーション
・商品ラインナップ不足（系列の運用会社の商品比率が高い状態）

185

・商品提供会社による自社商品の優先販売に向けた会社に対する動機
づけ（販売手数料の上乗せキャンペーン）

　ここで、保険商品の販売実態について、「銀行において、投資信託の
販売が停滞する中、保険商品の販売が堅調推移」していること、「売れ
筋は、運用商品と保険商品を複雑に組み合わせた外貨建ての一時払い保
険だが、他の金融商品と比較し、手数料が高めに設定されている」こ
と、「複数の販売会社において、四半期決算月（3月、6月、9月、12
月）に一時払い保険商品の販売額が増加」していること、「当該商品の
金融機関代理店の販売手数料は、多くの場合、保険会社より契約時に一
括して支払われ、その手数料は高水準（5〜7％程度）」です。現在
は、契約時に4〜4.5％、その後5年にわたり、0.4％程度と若干低
くなったもののそれでもまだ高い状態です。などの指摘がなされていま
す。

原則3●利益相反の適切な管理

『金融事業者は、取引における顧客との利益相反の可能性について正確
に把握し、利益相反の可能性がある場合には、当該利益相反を適切に管
理すべきである。金融事業者は、そのための具体的な対応方針をあらか
じめ策定すべきである。』

（解　説）

　利益相反については、金融庁が示した次の3つの事例を手がかりに考
えてみたいと思います。

・販売会社が、金融機関（銀行等）への販売・推奨等に伴って、当該
商品の提供会社から委託手数料等の支払いを受ける場合

・販売会社が、同一グループに属する別の会社から提供を受けた商品を販売・推奨等する場合

・同一主体またはグループ内に法人営業部門と運用部門を有しており、当該運用部門が、資産の運用先に法人営業部門が取引先関係等を有する企業を選ぶ場合

　また、金融庁は、投資信託の総資産額が増加するに従って販売会社の報酬分配比率が上昇する例や、保険会社の金融機関代理店に対する販売奨励策としての販売手数料の上乗せキャンペーン、販売員向けの商品贈呈、食事会や研修旅行への招待例を紹介しています。金融機関で働く者は、このような事例を顧客の利益に優先させないよう、社内体制を工夫・構築しなければなりません。

原則4●手数料等の明確化

『金融事業者は、名目を問わず、顧客が負担する手数料その他の費用の詳細を、当該手数料等がどのようなサービスの対価に関するものかを含め、顧客が理解できるよう情報提供すべきである。』

（解　説）

　手数料の明確化についても、ルールを遵守するという姿勢だけではなく、顧客のベスト・インタレストを追求するという観点から、従来のやり方が再点検され強化されていくことが期待されます。

　手数料等の開示により、顧客は手数料等の業者間の比較をすることができます。また、どのようなサービスの対価であるかが開示されることにより、見かけ上の安さだけではなく、サービス内容と手数料等の両面から複数の業者を比較できるようにもなりました。このようにして、業者間の競争が促進され、市場メカニズムにより、金融市場全体が発展し

187

ていくのです。

原則5●重要な情報の分かりやすい提供

『金融事業者は、顧客との情報の非対称性があることを踏まえ、前記原則4に示された事項のほか、金融商品・サービスの販売・推奨等に係る重要な情報を顧客が理解できるよう分かりやすく提供すべきである。』

（解　説）

金融商品取引法は、重要な情報の書面や口頭での分かりやすい説明を求めています。とりわけ、「顧客の知識、経験、財産の状況および金融商品取引契約を締結する目的に照らして当該顧客に理解されるために必要な方法および程度による説明」を求めています。

重要な情報の分かりやすい提供は当然のことであり、従来からルールベースでも求められています。しかし、再三述べているように、顧客本位の原則は、顧客のベスト・インタレストを追求するという観点から、既存のやり方の再点検や強化を期待しています。また、最終受益者（顧客）と直接の契約関係にない金融事業者（投信会社、保険会社等）にも、実践を期待しています。

またこの原則は、選定理由や利益相反を含む説明、パッケージ商品等の場合の配慮、誠実な内容の情報提供、商品の複雑さに見合った情報提供、重要性に応じる説明と比較に資する配慮等を求めています。

原則6●顧客にふさわしいサービスの提供

『金融事業者は、顧客の資産状況、取引経験、知識及び取引目的・ニーズを把握し、当該顧客にふさわしい金融商品・サービスの組成、販売・推奨等を行うべきである。』

巻末資料

（解　説）

　この原則は、最終受益者（顧客）と直接の契約関係にない場合も含み、たとえば、商品の組成において想定する顧客の属性の特定および販売への留意を求めています。この原則の前半は、適合性の原則の重要な要素ないし前提である顧客調査義務を強調しています。そして、「取り扱う金融商品の仕組み等に係る理解を深めるよう努める」こと、つまり、顧客調査義務と並んで適合性原則の重要な要素ないし前提である商品調査義務を強調しています。

　さらに、パッケージ商品での留意を求めており、高リスク商品や「金融取引被害を受けやすい属性の顧客グループ」について「当該商品の販売・推奨等が適当かつより慎重に審査すべきである」と指摘しており、顧客属性に応じての基本的な知識のための情報提供にも言及しています。

原則7●従業員に対する適切な動機づけの枠組み等

　『金融事業者は、顧客の最善の利益を追求するための行動、顧客の公正な取扱い、利益相反の適切な管理等を促進するように設計された報酬・業績評価体系、従業員研修その他の適切な動機づけの枠組みや適切なガバナンス体制を整備すべきである。』

（解　説）

　この原則は、給与体系や勤務評価体系、研修を例としてあげています。金融庁は市場ワーキンググループで、たとえば業績評価のあり方が、顧客本位でない業務運営を招いたと思われるケースを紹介した資料もあります。すなわち、「販売会社の業績評価」においては、「収益・販売額」よりも「預かり資産額残高」や「顧客基盤の拡大」を重視する動きが増えつつあると指摘しています。そのうえで、一部の販売会社にお

189

いては、次のような運営実態が見られるとも言われています。

・残高目標を重視するあまり、投資信託やファンドラップの解約申し
　出に簡単に応じない。
・系列運用会社の投資信託の販売に対して、業績評価上の優遇策を設
　定し、グループ内の収益確保を優先している。
・保険販売の業績評価基準を収益額から販売額に変更したところ、手
　数料率の低い円建て商品の販売に集中したことにより、再度、収益
　額による評価に変更。結果的に外貨建て商品の販売が上昇してい
　る。

　ここで、一つ目に紹介されているようなことを、現場の担当者が好ん
で行っているとは思えません。動機づけが顧客本位のために適切であれ
ば、顧客に喜ばれ担当者の業績評価も上がるというものです。決して現
場の負担が増えることにはならないでしょう。

　今回の金融庁が求めるフィデューシャリー・デューティーは、私たち
金融機関で投資信託や保険を販売するうえで、顧客のニーズを今まで以
上に適切に把握し、それに合致した商品を販売しなくてはなりません。
銀行の利益目的とみなされる販売は一切不可能となると受け止めてくだ
さい。
　フィデューシャリー・デューティーを規制と考えたり、狭い投資信
託・保険の問題と考えたりするような金融機関は、顧客から見放され消
えていく運命にあります。逆に、フィデューシャリー・デューティーを
顧客の視点に立って革新の起爆剤として捉えるような金融機関は、顧客
から選ばれ支持されることで、明るく豊かな未来を手にするのではない
かと思われます。

巻末資料

２．保険に関する用語集

用　語	解　説
一般勘定／特別勘定	一般勘定は、あらかじめ保険金額が契約で決められている定額型の保険の運用資産です。保険会社自身の所有する資産で運用されます。リスクを抑えて安定的な利回りを確保する使命があるため、投資対象に制限を設けて安全な運用を行っています。保険会社そのものと言ってもいいほどの大きな資産です。 　一方、特別勘定は、保険金額が運用の結果次第という変額型の保険の運用資産です。一般勘定とは別に運用されています。高利回りを追求する運用を行うため、投資対象を制限しません。保険契約者から見ると、保険契約というよりも運用商品という側面を持っています。
医療保険	病気やケガで入院したり、所定の手術を受けたときに、給付金が受け取れます。死亡したときは、死亡保険金が受け取れる種類もありますが、金額は少額です。 ・一定の保険期間を定めた定期タイプと一生涯保障の終身タイプがあります。 ・無選択型の医療保険では、契約後90日間など一定期間内に疾病により入院した場合は、給付金の支払対象にならないことがあります。
介護費用保険	寝たきりや認知症によって介護が必要な状態となり、その状態が一定の期間継続したときに一時金や年金が受け取れるタイプと、公的介護保険の要介護認定に連動して一時金・年金が受け取れるタイプがあります。 ・保険期間が一定の定期タイプと一生涯の終身タイプがあります。

191

	・死亡した場合には、死亡給付金が支払われる種類もあります。死亡給付金は少額のタイプと、要介護状態の場合と同額が受け取れるタイプがあります。
解除	保険期間の途中で、生命保険会社の意思表示で保険契約を消滅させることです。保険約款では告知義務違反などによる解除権が定められています。
解約返戻金	保険契約が解約、あるいは告知義務違反などにより解除された場合、保険契約者に払い戻す金額のことです。生命保険会社によっては、解約払戻金などとも呼ばれます。
逆ザヤ	生命保険会社が資金を運用したことによる利回りが、予定利率を下回ることを言います。生命保険会社は契約者から保険料を集め、それを株式投資などで運用して利益を上げています。資産運用が良ければ、予定利率を上回る利益を得ることができ、その分を配当金として契約者に分配することができます。 しかし資産運用に失敗してしまうと、予定利率を下回る損失となり、損失金額を負担しなければなりません。逆ザヤが発生した場合、保険会社自身が損失額を負担し、保険契約者が損失分を負担することはありません。しかし、利益がないということは、保険契約者に対する配当金も支払われなくなる可能性があります。 バブル崩壊後、日本経済は悪化の道を辿り、保険会社も不景気の影響を受けました。特に損害保険会社よりも契約期間が長い生命保険会社は資金量も莫大だったため、低金利および株価の低迷によって資産運用が上手くいかなくなり、逆ザヤが発生し社会問題となりました。 逆ザヤにより保険会社の経営が悪化し、破たんが憂慮されていたため、2003年に保険業法が改正されました。この改正により、逆ザヤを軽減するための手段として「予定利率の引下げ」が可能となりました。

巻末資料

	それにより、保険契約者が「保険料の引上げ」または「保険金の減額」などの負担を引き受けることとなりました。 　契約者にとっては迷惑な話ですが、保険会社の経営破たんは免れ、契約者も保険契約を続けることができるようになっています。
給付金	被保険者が入院や手術をしたときなどに生命保険会社から受取人に支払われるお金のこと。
クーリング・オフ	一般的にクーリング・オフに関する書面を受け取った日または申込日のいずれか遅い日を含めて8日以内であれば申込みを撤回でき、保険料は返金されます。生命保険会社や商品によっては9日以上の期間を設けたり、「申込日からその日を含めて8日以内」などの取扱いもあります。手続きは、生命保険会社の本社か支社あてに、書面を郵送することによって行います。念のためコピーを手元に残しておくよう指導しましょう。 　なお、契約にあたって医師による診査を受けた場合、保険期間が1年以内の契約の場合などは、クーリング・オフ制度が適用されません。 ※クーリング・オフの取扱いは、生命保険会社・商品・保険料の払込方法などによって異なるので、詳細は生命保険会社に確認のこと。
告知義務	生命保険は、多くの人が保険料を出して相互に保障し合う制度です。初めから健康状態の良くない人や危険度の高い職業に従事している人などが無条件に契約すると、保険料負担の公平性が保たれなくなります。 　したがって、契約にあたって契約者または被保険者は、過去の傷病歴（傷病名・治療期間等）、現在の健康状態、職業などについて、告知書や生命保険会社の指定した医師の質問に、事実をありのまま告げる義務（告知義務）があります。

こども保険	子供の入学や進学に合わせて祝金や満期保険金が受け取れます。原則として親が契約者、子どもが被保険者になって契約します。被保険者が死亡した場合、死亡給付金が受け取れますが、金額は少額です。 契約者が死亡した場合、以後の保険料の払込みが免除されます。さらに、育英年金や一時金が受け取れるタイプもあります。
三大疾病保障保険	特定疾病である「がん」「急性心筋梗塞」「脳卒中」により所定の状態（注）になったとき、生前に死亡保険金と同額の特定疾病保険金が受け取れます。特定疾病保険金を受け取った時点で、契約は消滅します。特定疾病保険金を受け取ることなく死亡したときは、死亡保険金が受け取れます。また、このタイプの保険は満期保険金がありません。なお、保険期間が一定の「定期型」と一生涯の「終身型」があります。 （注）所定の状態については、生命保険会社によって異なる場合があるので、「ご契約のしおりー（定款）・約款」などでよく確認する必要があります。これらの主契約を取り扱っていない生命保険会社や、これら以外の主契約を取り扱っている生命保険会社もあります。
市場価格調整	現在「個人年金保険」「終身保険」「養老保険」などの一部に、市場価格調整を利用した生命保険商品があります。 「市場価格調整（MVA：Market Value Adjustment）」とは、解約返戻金等の受取りの際に、市場金利に応じた運用資産の価格変動が解約返戻金額等に反映される仕組みのことです。具体的には、解約時の市場金利が契約時と比較して上昇した場合には解約返戻金額は減少し、逆に下落した場合には増加することがあります。 したがって、市場金利の変動により解約返戻金が払込保険料の総額を下回ることがあり、損失が生ずるおそれがあるので注意が必要です。

巻末資料

失効	生命保険契約を有効に継続させるためには、払込方法に応じた期日までに継続的に保険料を払い込む必要があります。保険料の払込みが遅れて、払込猶予期間が経過すると、自動振替貸付が適用されるか、そのまま契約が失効するかのいずれかになります。失効すると契約は効力がなくなりますので、万一の場合、保険金などが受け取れないことになります。
日帰り入院	最近の医療保険では、多くのタイプで日帰り入院を保障していますが、「通院」と「日帰り入院」の違いは次のようなものです。 　通院とは、医師による治療が必要なため、外来や往診によって治療を受けることをいいます。一方、日帰り入院とは、入院基本料などの支払いが必要となる入院日と退院日が同一の入院をいいます。たとえば、深夜3時頃緊急入院をしたが容態が落ち着いたため、その日の夕方に退院した場合などが該当します。
引受基準緩和型保険	引受基準緩和型保険とは、「限定告知型保険」「引受基準緩和型保険」「選択緩和型保険」などと呼ばれており、従来の告知・診査を必要とする医療保険に契約できなかった人も、所定の告知項目に該当しなければ契約できる医療保険（特約）です。 　契約できる年齢は、概ね40〜80歳まで（一部、20歳から契約できる生命保険会社もある）となっています。主な告知項目は次の通りで、1つも該当しなければ原則として契約できます（生命保険会社により告知項目が異なる）。 ＜健康状態に関する告知項目の例＞ 1. 過去2年以内に入院・手術をしたことがある 2. 過去5年以内にがんで入院・手術をしたことがある 3. 今後3ヵ月以内に入院・手術の予定がある 4. 現時点でがん・肝硬変と医師に診断または疑いがあると指摘されている 5. 現在までに公的介護保険の要介護認定を受けたことがある

被保険者	生死・病気・ケガなどが保険の対象となっている人のことです。
保険金	被保険者が死亡・高度障害状態のとき、または満期まで生存したときに生命保険会社から受取人に支払われるお金。なお、通常、保険金が支払われると保険契約は消滅します。
保険契約者	生命保険会社と保険契約を結び、契約上の様々な権利（契約内容変更などの請求権）と義務（保険料の支払義務）を持つ人のことです。
保険者	保険会社のことです。
保険事故	保険金の受取りを約束された出来事で、死亡、高度障害、満期までの生存がその例です。
保険料	保険契約者が生命保険会社に払い込むお金のことです。
保険料払込免除	被保険者が不慮の事故で、事故の日からその日を含めて180日以内に両耳の聴力を永久に失ったり、一眼の視力を永久に失った場合など、約款に定められた所定の身体障害状態になると、以後の保険料払込が免除されます。 なお、前記とは別に「保険料払込免除特約」を付加することにより、一定の状態（三大疾病・身体障害・要介護状態など）になったとき、以後の保険料払込を免除する生命保険会社もあります。
予定利率	生命保険会社は資産運用による一定の収益をあらかじめ見込んで、その分だけ保険料を割り引いています。その割引率を予定利率といいます。
リビングニーズ特約	原因のいかんにかかわらず余命6ヵ月以内と判断された場合に、死亡保険金の一部または全部を生前に受け取れます。なお、この特約の追加保険料は必要ありません。

●著者●

中内 将圭（なかうち しょうけい）

地銀保険担当（営推販売指導）

若手行職員必携
保険窓販のベーシックテキスト

平成 30 年 1 月 29 日　初版発行

著　者─────── 中内　将圭
発行者─────── 楠　真一郎
発　行─────── 株式会社近代セールス社
　　　　　　　　　〒164-8640　東京都中野区中央1-13-9
　　　　　　　　　電　話　03-3366-5701
　　　　　　　　　ＦＡＸ　03-3366-2706
印刷・製本─────── 株式会社暁印刷
表紙・デザイン────── 井上　亮

ⓒ2018 Shokei Nakauchi

本書の一部あるいは全部を無断で複写・複製あるいは転載することは、法律で定められた場合を除き著作権の侵害になります。

ISBN978-4-7650-2090-9